원효스님!
왜 그러셨어요!

천당 극락 가겠다고?
그 다음 생은 어떻게 할 건데!

원효 스님! 왜 그러셨어요!

지은이   정경 스님
펴낸이   배 기 순
펴낸곳   하남출판사

초판1쇄 발행   2020년 11월 30일
등록번호 제10-0221호

주소   서울시 마포구 도화동 173(삼창프라자) 1521호
전화번호 (02)720-3211(代) / 팩스 (02)720-0312
e-mail   hanamp@chol.com

ⓒ 정경 스님, 2020

ISBN   978-89-7534-245-5 (93220)

원효 스님!
왜 그러셨어요!

빈승이
원효를
구덩이에 묻었다.

원효를 살리고
빈승을 묻을 것인가!
원효를 묻고
빈승을 살릴 것인가!

원효를 살리면
그대도 함께 살겠지마는

원효를 구하지 못한다면
그대들도 줄줄이 따라 들어가야
맞다!

 하남출판사

서 문

첫 검토를 마치고 은사스님께 출력한 인쇄본을 드렸다.
우리 아침 공양시간은 4시 반이다. 글을 보셨냐고 여쭸더니 '이해
하기 쉽게 잘 썼더라.'하셨다. 10포인트 출력물이어서 잔글씨였는
데도 불구하고 밤새 살펴보신 모양이다. 첫 인쇄본이므로 내 글을
살피는데도 초저녁부터 밤 10시를 훌쩍 넘겼었다.

은사스님께서는 해인사에서 출가하셔서 경을 마치신 후 32세 약
관에 해인사의 강주로 부임하셨다. 언제부턴가 세태를 좇아 승가
대학장이라고 부르는데, 10년 가까이 후학을 위해 애쓰시다가 제
방 선원에서 죽 정진에 힘쓰셨다.
그러므로 지금 60대 중반 아래 스님들은 큰스님께 배울 기회조차
없었지만, 70 중반 스님들까지 십 년 가까이 배출하신 무수한 제자
들이 각지에서 수행과 소임에 전념하고 있다.

전혀 그러지 못해서 무척 죄송하고 면목 안 서는 표현이지만,
스님을 모시고 지낸 지가 만 6년이 지났다. 참선요가와 생식 때문
에 유명세를 치른 탓에, 60을 넘긴 나이에 은사스님을 모신다니
스님들의 이목이 쏠렸다. 하루 한 끼 생식을 하면서 어른 스님을

모시고 살겠다고 하니 당연히 우려와 호기심에 술렁였다.

그렇게 보낸 시간이 이제는 만만치 않아서 알만한 이들은 전후 사정을 다 아는 처지다. 난데없이 제자가 글을 써서 뭇 스님들께 돌린다면 여간 예삿일이 아니다. 왜냐하면 그 내용이 어떠하든 은사스님의 글처럼 받아들여질 여지가 충분하기 때문이다. 그런데도 큰스님께선 흔쾌히 잘 썼다고 하셨다.

발원하길, 반드시 자비 출판해서 결제 때 전국 100여개 선방 스님들께 돌리겠다며 쓴 글이다. 은사스님의 고마운 말씀을 듣고 원고를 보낸 후, 전후 사정 얘기를 곁들여 출판사에 책을 부탁하니, 꼭 시중 서점에서 선보이고 싶다는 뜻을 밝혀왔다. 이런 연고로 낯선 독자와도 만나게 된 것이다.

하지만, 이 글은 불교 문외한에게는 무척 어려운 글이다.
불제자라도 오직 수행에 관심을 둔 이들에게 보이기 위해서 쓴 글이기 때문이다. 저자도 불교를 이해하는데 칠팔 년의 기간이 소요되었다. 초학자가 이해 못 할 것은 지극히 당연한 일이다.

＊

태풍 관측 사상 최초로 올해 7월 한 달은 태풍이 하나도 발생하지 않았다고 한다. 8월 들어 연달아 발생한 태풍으로 인하여 근한 달 동안 뒷정리를 해야 했다. 나무도 엄청 쓰러지고 부러졌는데, 어느 해 산철 결제하러 지리산 칠불사로 떠나야 하는 날, 간밤 태풍에 희랑대로 올라가는 계단 길 초입에 두어 아름되는 나무가 거꾸로 처박혔다.

마침 법당 보수작업 중이라 자재를 날라야 하므로 통로 확보가 시급해서, 기계톱을 들고 가지치기를 하다가 튕기는 나무에 광대뼈가 부러져 두 조각이 안으로 파고들어 얼굴 한쪽이 이그러지고 말았다. 큰 수술이라 대학병원에서 입술 안쪽을 절개하여 밀어내 맞추고, 입원해야 한다는 의사의 지시를 뿌리치고 결제에 참석했다. 그때도 화두는커녕 좌복에서 제대로 앉아 배기질 못하던 때라 정진에 대한 열망 때문이라고는 말 못한다. 다만 이러한 것이 구실이 되어 선방을 떠나면 다시 돌아오기 힘들 수 있다는 두려움이 앞선 까닭이다.

입안을 절개했으니, 옛길이라 대구에서 떠나 칠불사에 도착하기까지 반나절 동안, 앞섶은 수술 부위에서 흐르는 피로 붉게 물들었고 얼굴은 퉁퉁 부어 몰골이 말이 아니었다.
그런데도 요가만 하루 이틀 건너뛰었을까? 스님들께 피해를 줄 수 없어 하던 일은 평상시와 다를 바 없이 다했다.

지금 불교계에서 가끔 물의를 일으키는 이들도 그때 나와 다를 바 없을 것이다. 공부는 안 되고 몸은 안 따라주니 사지가 들쑤시고, 그러면 할 수 있는 짓이 장난질밖에 없다.

내가 그랬다. 도무지 좌복에 앉아 버틸 수가 없으니 살살 분위기를 띄워 대중들을 등산하게 만들곤 했다. 즉 나는 한 번도 따라 나서지 않았다는 얘기다. 칠불에서 세 해를 걸쳐 살면서 뒷산쪽으로 50m도 올라간 적 없이 떠나왔다. 몸 상태가 그리 처참했기 때문이다.

그 시간만이라도 좌복에 앉지 않을 수 있다는 것이 내겐 너무도 행복해서 반복한 짓이다. 그러니 스님들의 곱지 않은 시선은 당연하다. 그런 중에 뼈까지 부러져 왔으니 함께 결제한 행자도반 녀석이 대중들과 '정경이는 뼈 부러진 놈이 아니다.'라고 앞장서서 수근댔다. 그 말이 당시에 얼마나 기정 사실화되었으면, 10년 후에 만난 스님이 수술 자국을 확인하고 싶어 했을까!

이런 객기를 부리면서도 부처님 말씀의 소중함을 깨달은 것은 아주 오랜 시간이 더 흐르고 나서이므로, 초학자가 이 글을 대번에 이해하기는 무척 어려울 수 있다는 점 꼭 감안하기 바란다.

※

불교를 접하는 방식도 성격만큼이나 각양각색이다.
어떤 이는 매우 철학적이고 사변적인가 하면, 간혹 과학에 준하여 합리와 논리적 해석에 길들여진 학구파도 보인다. 그런가 하면 이것저것 다 필요 없고 맹신이든 미신이 됐든, 단순한 것을 최고로 여기는 이도 부지기수이다. 그런 탓에 이론과 학설도 다양하고 수행법도 천차만별이다.

이 글은 생사해탈(生死解脫)을 주제로 한 글이다. 그러므로 우선 그 의미를 되짚을 것이며, 방법론적인 입장에서 사선팔정과 구차 제정을 명확히 설명하려 한다.

내 기억에는 초기불교 혹은 근본불교, 원시불교, 남방불교, 소승 불교까지, 호칭조차 정리가 되지 않은 채 이 땅에 다시 소개된 지 최소 30년은 된 듯하다. 거기서 익혀온 수행법은 그렇다 치고, 아 직도 '깨어있음'과 '마음챙김'에 대한 개념조차 정립이 덜 된 상태 이다.
그간 간화선에 낭패를 본 많은 수행자와 불자들이 큰 관심을 기울 인 듯하나, 여전히 어렵기는 마찬가지이다. 그러므로 아무리 근본 을 얘기하고 초기불교의 진수라고 우겨도, 그들도 부처 불(佛)자 도 모르고 하는 짓으로밖엔 더 잘 봐줄 도리가 없다.

이 글 중에는 부처님은 물론이고, 동서양 사상가들이 잠시 등장 한다. 부처님과 동시대에 같은 공기로 함께 호흡했던 탈레스와 피 타고라스 등의 서양 철학 시조(始祖)들 생각은 어떠했는지 엿보기 위함이다.
또한 그들의 행적을 통해 붓다와 사상적 유사성을 확인하려고 했다. 더불어 중국의 현자들은 어떤 세계관과 인생관을 후손에 남겨, 그 땅에서 불교가 화려하게 꽃피웠는지도 가늠할 수 있기를 바라는 마음에서 간략히 기술하였다.

어디쯤인가 천체물리학적 견해로 보는 세계관과, 생명공학의 관점에서 윤회의 주체로 여겨지는 영혼의 현상적 측면도 다루었다.

*

참선요가는 사상 초유의 IMF 사태로 나라 전체가 혼란에 빠지고, 불확실한 상황에 많은 이들이 스트레스로 하나둘씩 심신이 무너져 갈 때, 건강만큼은 이렇게 지킬 수 있다는 주제로 1998년 초여름에 공개강좌를 연 것이 시발점이다. 첫해에는 장소가 협소하여 겨우 100여 명 남짓밖에 동참할 수 없었다.

이듬해 부산에 해인사 포교당이 창건되며 연 강좌에는 연일 300명 가량이 수련에 참가했다. 2002년 초부터 BTN 불교TV에서 수련프로그램이 8년간 진행되는 동안에, 온 나라가 요가 열풍으로 들썩이게 한 것도, 알고 보면 우리 불자들의 수행에 대한 치열한 열망이 크게 한몫한 덕택이라고 생각한다.

이 땅의 국민적 특성은 아마도 수행DNA가 누구든 넘쳐흐른다는 점일 것이다. 유리겔라의 내한 공연 때는 온 국민이 초능력에 관심을 기울였고, 곧이어 닥친 단학 열풍에는 단전호흡으로 신통을 얻었다는 도인이 각처에서 무수히 쏟아졌다.

하지만 그 후유증은 치명적이어서 많은 이들이 원인도 모른 채 폐인 수준의 나락에서 온갖 시련을 사서 했다. 그 폐해를 알려야 겠다는 생각에 쓴 글이 참선요가 첫 번째 책이다.

다시 생각해봐도, 그때의 수많은 초능력자와 신통을 얻었다던 사람들은 지금은 무얼하고 있는지 궁금하다. 아마도 상당수가 정신병을 얻거나 사기죄로 교도소 신세를 지지 않았을까 싶다.

수행DNA는 우리 불자들에겐 손에 쥔 염주만큼이나 자연스럽다. 수행의 막중함을 잘 알기 때문이다. 그러므로 생각은 간절하지만 전념하지 못하는 아쉬움을 염불과 108배로 달래는 정도가 현실이다. 비록 원하는 바는 결코 아니지만, 코로나19 바이러스가 몰고온 이 상황이 수행하기에는 더할 나위 없는 절호의 기회일 수 있다.

모두가 힘들고 의기소침해 있는 때이더라도, 시절 인연이 이러한 모습으로 도래한 줄 여기고 수행에 매진한다면, 각자 머문 그 자리가 싣달타가 6년 고행으로 좌부동(座不動)하신 자리요, 달마조사가 소림굴에서 9년 면벽(面壁) 수행 하신 일과 흡사할 것이다.

예전의 책에서 '싣달타는 위대한 포기를 감행한 후, 모진 정진 중에 자신의 모순을 발견하였고, 발상의 전환으로, 보리수 아래에서 7일 용맹정진 끝에 구경각(究竟覺)을 이룰 수 있었다.
그 내용은 대타협이다. 왜냐하면, 싣달타가 붓다가 되었다고 세상에 바뀐 것은 아무것도 없었기 때문이다. 산은 높은 대로, 골은 깊은 대로, 오리 다리는 짧은 대로, 학 다리는 긴 대로, 모든 것이 진상(眞相) 그대로 였을 뿐이다.'라는 글을 적었다.

수긍할 건 수긍해야 옳다.

그러나 제행무상(諸行無常)이 아니던가! 이 순간에도 아주 조금씩 이 혼란스러움이 종식될 날이 다가오는 중이니 말이다.

✳

신달타는 지나치는 걸음에 세 스승으로부터 대번에 익힌 것이 사선팔정이다. 각고의 정진 끝에 멸진정에서 구경각을 성취하시어 이를 더 보태서 구차제정이 완성되었다.

열반시에 초선과 멸진정 사이를 한 번 오르내리시고 다시 초선에서 색계 사선에 이르시어 입멸하신 과정도 겨우 하룻밤 사이의 일이다. 난잡한 언어에 매몰된 수행지침은 방기(放棄)하고, 붓다께서 몸소 보이신 행적인 구차제정은 이처럼 가장 쉽고 장애가 없는 수행법이기에 독자 제현께 제시코자 한다.

금방 찾아올, 모든 이의 결집이 필요하고 더 나은 세상을 만들 날이 도래한 때에, 불자들이 활기찬 모습으로 광명의 세계를 재창조하는 데 앞장서는 것도 동사섭(同事攝)이다.

코로나19 상황이 물러가기 전이라도 모두가 부처님처럼 하룻밤에도 오르내릴 수 있어서, 그간 수없이 발원하던 자타일시성불도(自他一時成佛道)를 다 함께 성취할 수 있기를 진심으로 축원한다.

목차

본문

제1장 스님! 웃기지 좀 마세요!

제2장 무엇이 돌고 도는가

제3장 구차제정

제1장

스님!
웃기지 좀 마세요!

■ 삼법인 [三法印]

삼법인: 제행무상 · 제법무아 · 열반적정

삼특상: 제행무상 · 제법무아 · 일체개고

● 제행무상(諸行無常)

세상 모든 것 중에 항상하는 것이 없다.

(영원불변한 것은 없다)

● 제법무아(諸法無我)

세상에는 고정불변하는 나(我) 즉 실체는 없다.

● 열반적정(涅槃寂靜)

제행무상과 제법무아를 바로 깨달으면

고요한 열반의 경지이다.

● 일체개고(一切皆苦)

제행무상과 제법무아를 인정하지 못하고,

어리석게 영원한 것에 대한 강한 집착을 끊지 못하여

모든 것을 괴로움(苦)으로 느낀다.

목불인견

먼저 당부하고 싶은 것이 있다. 진리와 교리는 구분하는 안목을 갖자는 것이다.

교리에 집착하면 절대 진리를 깨달을 수 없기 때문이다.

남의 이야기를 화제로 삼아 미안하지만, 타산지석으로 여겨 이해를 먼저 구한다.

지금은 지동설이 진리이지만, 그 이론을 처음 발표했던 코페르니쿠스(1473~1543)는 태양중심설을 주장하다가 로마 교황청으로부터 파문을 당하는 치욕을 겪었다. 비슷한 이유로 박해를 받았던 천문학자 갈릴레오 갈릴레이(1564~1642)도 근년에 이르러서야 겨우 복권이 되었다.

지구도 해와 달처럼 둥글다거나, 하늘에서 머리 위를 빙글빙글 돌고 있어야 할 태양을 지구가 그 둘레를 돈다는 주장은, 땅은 평평하여 죄를 지으면 땅끝 나락으로 떨어진다는 교리로는, 자신들의 신앙을 뿌리째 흔드는 짓이므로 도저히 용납되는 일이 아니기 때문이다.

기독교는 순전히 예수를 본 적도 없는 달변가 바울이 만든 신앙임은 그들 스스로도 인정하는 바이다.
빈약한 교리의 유대지방 토속신앙을 신플라톤주의와 아리스토텔레스 철학에 접목하여 자신들의 교리로 형성한, 오로지 만들어진 교리를 숭상하는 신앙이기 때문에 일어난 일이다.

제르베르 도리악은 로마 제139대 교황(재위: 999년-1003)이다. 무(無)를 인정하지 않는 기독교는 0이란 숫자가 있는 인도 아라비아 숫자를 그가 도입하였다 하여, 악마와 결탁했다는 누명을 씌워서 사후(死後) 1000년 동안 파묘(破墓)에 시달린 인물이다.

서기 2000년 뉴밀레니엄이 되기까지 제르베르를 둘러싼 악평과 오해는 수그러들 줄 몰랐다. 이슬람에서 가져온 수학과 과학을 거룩한 유럽에 퍼뜨린 죄와 인도 아라비아 숫자 아홉 개와 0을 사용해 수학을 가르친 첫 번째 그리스도인이었다는 것 때문에, 주술사이자 악마에게 영혼을 판 악마 숭배자로 낙인찍힌 탓이다.

1999년이 되어서야 교회의 공식적인 회칙으로 '제르베르는 자신의 지식의 폭에서 아주 뛰어났고, 학식이 풍부한 휴머니스트이자 현명한 철학자, 참된 문화의 장려자로, 자신의 지능을 인간의 인격을 위해 사용했다. 그는 우리에게 지성이 창조주의 놀라운 선물임을 상기시켜준다.'라고 발표함으로서 그의 업적을 비로소 인정하였다.

제르베르 이후 이탈리아의 수학자인 레오나르도 피사노는 지중해 연안의 각국을 여행하여 산수의 지식을 넓히고, 귀국하여 산반서(算盤書)를 저술하는 등 많은 활동을 했으나, 로마숫자의 사용에 관한 교황청의 법령으로 아라비아 숫자 사용을 금지당하는 등, 시련은 오래도록 계속되었다.
인도 아라비아 숫자가 널리 서양에 보급된 것은 상당히 시간이 더 흐른 약 400년 전 일에 불과하다.

이 땅에서 기독교가 보이는 추태 역시 가관이다.
성경을 문자 그대로 해석하는 교리주의자들 때문에 세계적 가십거리가 되어 전 국민을 수치스럽게 만들기도 했다.

주장인즉, 진화론 역시 가설이므로 증거도 없는 거짓인 진화론을 과학 시간에 가르쳐서는 안 된다며, 교과서에서 시조새와 말의 진화 그림을 삭제하라고 교육부에 청원하여 황당하게도 받아들여질 뻔했던 일이, 최고의 과학 저널 '네이처'에 '한국이 창조론자의 요구에 굴복했다.'는 보도로 만방에 알려져서 국제적 망신을 사서 했던 것이다.

국내 명문 공대 교수인 한 장관 후보자는 국회 인사청문회장에서 지구의 나이가 6000년이라는 상식 밖의 답변을 고집하다가 신앙의 길을 좇아 사퇴하였으니 과연 목불인견이다.

반드시 불자는 진리와 교리를 구분해 볼 줄 아는 지혜를 갖춰야 한다. 그것이 부처님 말씀이 담긴 경전을 보는 방법이기도 하다.
제행무상(諸行無常)과 제법무아(諸法無我)는 시공을 초월한 과학적 용어이다. 왜냐하면 세상이 다 변해도 이것만은 변하지 않기 때문이다.
12연기에서 나오는 개념도 소소한 차이와 변천 과정을 겪지만, 부처님께서 그 시절의 최신 과학적 개념의 용어로써 표현하신 가르침이다.

부연하면, 삼법인은 수행자의 최고의 지침이요, 사성제는 수행법의 요체가 된다.
결정코 삼법인(三法印)과 사성제(四聖諦)라는 편광렌즈를 통해 삼라만상을 본다면, 삿된 것을 샅샅이 걸러내는 지혜로써 부처님이 상주하시는 불국토를 몸소 장엄할 수 있을 것이다.

여시아견

불경의 첫 구절은 반드시 여시아문(如是我聞) 즉 '나는 이와 같이 들었다.'로 시작된다.

결국 이 모든 이야기는 내 개인적인 식견으로 본 견해 즉 여시아견(如是我見)일 수밖에 없을 것이다.

팔만대장경을 거론할 때, 많은 이들이 마음심(心)자 하나 설명해 놓은 것이란 말을 곧잘 한다. 그러므로 일체유심조(一切唯心造), 오직 세상사가 마음먹기 달렸기 때문이란다.

왜곡된 해석이다.

일체라 할 수 있는 모든 것은 오직 마음이 만든 것이다? 혹은 마음이 지은 것이다. 나아가 마음이 조작한 것이다라고 표현해야 근사치에 가깝다.

불경을 들여다보면 부처님 자신의 수행담이 제법 많다.

나는 이러이러한 방법으로 정각을 이뤘다는 내용이다.

이런 관점에서 본다면 팔만대장경 상당 부분이, 싣달타가 출가해서 처음 세 분의 스승에게 익힌 사선팔정(四禪八定)을 기본으로 하여 6년 고행과 보리수 아래 용맹정진 7일을 거치면서, 구경처로 진입하는 구차제정을 새롭게 정립하시고, 멸진정을 통해 정각을 이루어 생사 해탈을 했노라고 중언부언(重言復言)하신 기록이다.

열반경에 의하면, 부처께서 입멸하시던 날 밤, 초선에서부터 순차적으로 멸진정까지 드셨다가, 다시 역순으로 초선에 이르시고, 다시 이선 삼선을 거쳐 색계 사선에서 입멸하셨다.

그러므로 구차제정은 싣달타가 붓다가 된 순간부터 마지막 숨을 거두시는 순간까지 몸소 실천하신 수행법인 것이다.

팔만장경이 오직 마음심(心)자 하나를 설명한 것이라는 주장은, 세상에 별별 교리가 난무하는 마당에, 이것만은 불가하다고 우기는 것도 우습고, 그저 나름의 교리적 해석이라고 여기고 말 일이다.

오히려 대장경의 상당 부분이 구차제정을 자세히 설명한 것들이라고 해도 과하지 않다는 생각에서 하는 말이다.

굳이 불교계의 조류에 의거해서 이러한 이질적 요소를 이해하고자 한다면, 자칭 대승(大乘)권 북방불교는 마음심(心)자 신봉자들

위주이고, 타칭 소승(小乘)권 남방불교에서는 수행법 위주의 구차 제정을 다양한 각도에서 해석하려 전념한 탓에, 양 갈래의 좌표 처럼 굳어지게 되었다고도 할 수 있을 것 같다.

바늘 찾기

주지하다시피 사선팔정 구차제정을 주제로 한 경전은 부지기수이다. 논서까지 더하면 엄청나다. 왜 이런 현상이 벌어졌을까에 대해 고민하지 않을 수 없다.

싯달타는 처음 만난 스승들로부터 사선팔정을 듣고는 그들이 말한 경지에 즉시 도달할 수 있었다고 했다. 그때 싯달타는 이로써 참말로 생사윤회를 끊을 수 있냐고 물었으나, 스승은 자신도 그리 배웠을 뿐 확실히는 모른다고 답하므로, 곧바로 다른 수행처로 떠났다고 불경은 기록하고 있다.

싯달타는 가르침을 듣자마자 스승들이 말하는 경지에 쉬이 다다를 수 있었다는데, 우리는 왜 안 되는 걸까?

곰곰이 따져보면 부처님 당시에도 똑같은 고민에 휩싸인 많은 제자와 후세에 같은 난관에 부딪힌 수많은 이들 때문에 생겨난 별별 해설들이 방대하게 축적된 탓도 클 것이다.

또한 여러 나라를 옮겨가며 하신 설법이, 각 나라마다 언어적 뉘앙스에서 발생하는 개념과 이해력의 차이로 인하여, 늘 같은 내용이더라도 다른 설법처럼 들릴 수 있으므로, 결국 다른 듯하지만 비슷한 내용의 설법이 장경(藏經) 내에 상당수가 반복되는 까닭도 있고, 싣달타와는 사뭇 동떨어진 생각 탓에 붓다의 사상을 받아들이지 못하는 이들을 위하여 다양한 방식의 설법이 이루어졌다는 점도 있을 것이다.

교리적 기록에선, 싣달타가 중생구제를 위해서 룸비니 동산에서 탄생하고, 출가를 감행하셨다고 한다. 경전에는 출가 당시 분위기도 적혀 있다. 정반왕은 태자의 출가를 만류하며 어떤 소원이든 다 들어 줄 것을 다짐했다.
싣달타는 딱 한 가지 소원만 이뤄진다면 출가하지 않겠으니 죽지 않게만 해 달라고 했고, 정반왕은 그건 해결해줄 수 없는 일이라며 탄식했다는 글이 보인다.
싣달타는 오직 생사윤회(生死輪迴)의 고통에서 벗어나는 것을 목표로 수행길에 올랐던 것이다.

부처님 재세(在世) 시에도 망나니짓하는 비구 비구니 때문에
제정된 계율이 상당수라고 하니, 그때나 지금이나 크게 다를 바가
없는 것 같다. 부처님의 입장에서 그들을 바른길로 이끄시고자 갖
가지 수행법을 제시하며 애쓰신 기록도 허다하다.

아무리 그렇더라도 오리지널은 구차제정이다. 그런데 후세의
구차제정에 대한 논서를 보면, 의도는 수행자의 지침으로 남긴
흔적이 분명한데, 완전 대해(大海)에 바늘 하나 던져놓고 찾으라는
격이다.
부처님께서 동의하실까 싶다.

진실일까 교리일까

대장경에는 부처님은 원음 설법을 하셨다고 기록되어 있다. 부처님의 원음(圓音) 설법은 각 나라 사람과 심지어 동물까지도 똑같이 알아들을 수 있었다고 한다. 진실일까? 교리일까?

이 원음(圓音) 설법을 교리상 꾸며진 얘기로 치부해 버린다면 두말이 필요치 않을 것이다. 아니면 혹은 일개 마술사의 흔한 능력처럼 여러 대중의 의식을 어떤 에너지로 일시에 관장하신 일을 표현한 것인지는 잘 모르겠다.

만약 합리적인 해석으로 여러 분야의 사적(史的) 기록에 의해 추정해보면, 그 시대 특히 아리안족의 전통과 영향력이 인도 전체를 지배하던 시절의 군주(君主)는, 타국과의 전쟁을 진두지휘하였고

외교도 직접 했기 때문에, 태자교육 과정 중에 여러 나라의 언어를 이미 익히셨으므로 각 나라의 말로 설법을 하실 수 있어서, 원음(圓音)설법이라는 타이틀을 얻으신 거라 생각할 수 있을 듯하다.

이 정도 이해도 한참 뒤에 일이고, 불교의 위상과 가치적 판단이 모호하여, 서양의 이름난 학자의 시선에 비추어진 불교가 궁금해서 초학시절 봤던 책이 있다.

소싯적 일이라서 정확히 책 제목조차 떠올릴 수 없으나, 루마니아 종교학자 엘리아데 교수의 저서 중에 꼭 한 대목이 머릿속에 오래도록 남아 있다. 엘리아데는 20대부터 인도에서 요가와 인도철학을 수학하였다.

어느 날 길에서 마술공연을 보게 되었는데, 마술사가 밧줄을 공중으로 던지니 코브라가 꼿꼿이 서듯이 세워졌다고 한다.

마술사는 구경꾼 가운데 열 살 남짓한 아이를 불러내더니만 밧줄을 타고 올라가라고 시켰다. 올라간 아이가 가물가물해지니 마술사가 허공에 대고 내려오라고 고함을 쳤는데 아이는 묵묵부답이었다. 마술사는 성이 나서 밧줄을 타고 오르기 시작했고, 이내 마술사도 시야에서 사라지고 말았다.

갑자기 허공에서 아이의 머리와 사지가 하나씩 잘린 채로 바닥에 떨어지고 몸통마저 떨어졌다. 마술사는 잠시 후 씩씩거리며 내려와서는, 잘린 머리와 사지를 아이의 몸통 제자리에 붙이고 발로

툭 치니 아이가 벌떡 일어서는 광경을 목격했다는 것이다.
동행에게 물으니 본디 올라간 아이도 없었다고 답했다는 이야기다.

요즘에는 홀로그램이라는 기술이 있어서 허공 중에 영화같은 장면을 만드니 억지로라도 이해하려 했겠지만, 냉철한 종교학자의 목격담이 내게 준 당혹감은 여러 생각과 뒤엉켜 혼란스러워하던 기억이 아직 머릿속에 선명하다.

확철대오라구요

세상은 이미 신비주의적 맹신이 진리를 대신하던 시대는 지나버렸다. 부처님을 비롯해서 탈레스와 피타고라스, 중국의 노자, 공자 등의 성현들이, 2500년 전 동시대에 출현하여 환히 열어젖혔던 문을, 불행히 다시 미망에 사로잡혀 중세 암흑 속에서 헤맨 세월도 만만치 않으나, 겨우 수백 년 전 그 긴 터널을 빠져나와 짧은 기간에 이룬 과학적 진보는 인류의 사상사에 획기적 전환점이 되기에 충분하다.

불교계의 거장인 달라이 라마도, 과학의 검증을 거치지 못하는 종교는 앞으로 괴멸될 것을 예측하였고, 카톨릭의 프란치스코 교황도 '오늘날 우리가 세상의 기원으로 여기는 빅뱅이론이 신성한 창조자인 하나님의 개입을 부정하는 것은 아니다. 진화는 원천적으로 진화할 존재가 창조돼야 가능한 것이기 때문'이라며 과학적 견해를 수용한다는 뜻을 표하였다.

하루 아니 몇 호흡 남지 않은 이 시각에도 주야장천 확철대오 타령이나 하면서, 오늘도 간화선의 세계화를 부르짖으며, 스스로 속고 남까지 속이는 짓을 하는 이 땅의 자타칭 고승들에 대한 혐오감 속에 이 글을 적기도 하지만, 간간이 접할 수 있는 정신분석학자들과 신경과학자 등이 밝힌 인체와 뇌신경의 전기적 현상과 물리학적 현대 과학의 견해에 따른 현상들이, 불교에서 말하는 행(行)과 식(識) 업력(業力)의 해석에 분명히 어떤 연관성이 있을 거라는 입장에서 개인적 견해를 밝히려고 한다.

남악선사와 마조스님의 이야기와 조주스님의 구자무불성(狗子無佛性) 개에게는 불성이 없다는 화두 이야기를 예로 삼아, 수행도 먼저 목적설정이 분명해야 성취가 가능하다는 점을 이미 예전부터 밝혔다. 그런 까닭에서, 말만 그럴듯하고 근거도 전혀 없고 모호하기 짝이 없는 확철대오에 매몰된 우리 처지를 다시금 돌아보자는 생각도 있다. 아무튼 수행자는 일말의 양심은 있어야 한다.
남이 모른다고 자기도 알지 못하는 헛소리를 해서는 안 된다.

아니라면, 참말로 확철대오의 절대적 가치를 체험하고 증득한 사람은 확철대오에 대해 한 번 제대로 설명해 보시든가!

안달 난 까닭

어떤 색깔로 덧칠하여도 감출 수 없는 캄캄한 무지(無知)의 상태로 출가해서, 불법을 공부하는 자인양했어도 제대로 흉내조차 내지 못했던 긴 터널 끝에서 만난 빛은 화려했다. 싣달타께서 설하신 준동함령(蠢動含靈) 개유불성(皆有佛性)의 의미를 알아차렸기 때문이다.

준동함령 즉, 꾸물대는 모든 것들은 다 불성이 있다는 말씀이다.
애당초 중생은 거론조차 하신 바가 없다.
중생이 있는 거라면 중생은 중생일 뿐 어찌 부처가 될 수 있겠는가?
부처이기에 부처가 되는 거라 하셨다.
집채만 한 바위를 녹인들 금이 나올까? 그럴 수는 없는 법이다.
손톱만 한 금광석은 어떠한가? 당연히 금이 나올 수밖에 없다.

중생이 바위처럼 존재한다면 어찌 부처가 될 수 있을까?

이미 불종(佛種)이기에 부처가 된다는 것이다. 아니 이미 부처이기 때문이라 하셨다.

'나는 된 부처요, 너희는 될 부처로다!'

바로 이 말씀이 철석같이 이해되었다. 중생도 없고 윤회는 본디 없는 것인데, 중생놀음 그만하고 윤회를 끊겠다고 애쓰던 내가 우스워진 것이다.

하지만, 기고만장했던 환희심은 어느덧 흐릿해지고 도리어 심각한 고민이 엄습했다.

내가 부처인 줄 알겠으나 다음 생에 안 태어날 확신이 서지 않았다.

그로구러 여태껏 수십 년 세월을 안달하며 보냈다.

피드백 리액션

그 안달 때문에 이 글을 쓰고자 뜻을 품은 것은 제법 오래되었다. 좋던 시력에 타격을 입혔을망정 참선요가 첫 번째 글은 컴퓨터와 자판을 일주일간 익혀서 21일 만에 탈고했다. 두 권의 에세이도 한 달 만에, 참선요가 두 번째 책은 7일 만에 끝마쳤었다.

그런데 이번에는 구상은 잡혔으나 작업 의지가 동하지 않았다. 애를 쓰다가 원을 세우고 나서야 겨우 마음을 다잡을 수 있었다.

알게 모르게 스쳤던 헤아릴 수 없는 뭇 인연들 덕분에, 없는 듯이 지내 온 염치 없는 40여 년 중노릇을 이리나마 할 수 있었기에, 혹시 이 글에 공감하는 이들이 있어서 소분의 공덕이 있다면, 불보살님의 가피력으로 모든 이에게 회향하겠다는 발원을 하고 나니 가까스로 몇 줄씩 적어 내려갈 수 있게 되었다.

사실 글과 말이란 의견을 개진하는 수단이니 짧을수록 좋은 법이다. 길어지면 아무리 전하고자 하는 메시지가 간절한 것일지라도 독자나 청자는 핵심을 놓치기 십상이다.

이 글은 대단히 과격하고 파격적일 수 있다. 그러므로 되도록 짧은 글이길 바란다. 그러나 이해를 도모하는 입장에서 다양한 방식으로 의견을 개진할 것이다.
어쩌다 한 권의 분량이 되면 순전히 자비출판하여 스님들께 나눈 후에 파일을 공개할 것이요, 그렇지 못하면 다른 방법을 강구해서라도 파일은 꼭 공유될 수 있도록 하고프다.

혹시 이 글 중에서 비판하고픈 대목이 발견되면 옛 선사의 기백을 상기하며 탁마의 심정으로 마음껏 쾌도난마하시고, 다양한 분야에서 전문적 소양이 있는 이들께서는 지식을 아끼지 말고 파일 위에 분발의 채찍질을 보태시길 엎드려 청한다.

위를 향해 두 팔 벌리고 아우성치는 광기 서린 리액션이 부러워서가 아니라, 현실적 불교는 이미 피드백과 리액션이 사라져버린 식물 상태인지 오래다.
그러므로 나도 모르지만 너도 모른다고 아무 말이나 불법을 빙자하는 것이 현실 아닌가! 그런데 이 글은 어떠한가?

원효 스님!
왜 그러셨어요!

20년 전 첫 원고를 쓸 때 만해도 인터넷은 언감생심이었다. 글을 검토하다 오자를 발견하거나 행간이 바뀌면 플로피 디스크에 담아 우편으로 보냈다. 출판사에서는 이메일을 이용하라고 했지만 내게는 생소한 얘기라서 읍내 왕래를 거듭했었다.

두메의 산자락 비닐하우스에서 토굴삼아 지내다가, 부산 근교로 온 후 쉬이 인터넷을 접할 수 있어서, 얻는 정보가 무궁하니 이 글을 적어나가는 데 적지 않은 도움이 된다.

한 날, 인터넷 검색 중에 사지(四智)에 관한 글에 실소를 금치 못했다.

▢성소작지(成所作智):오관으로 자기나 남에게 모두 유익하게 하는 갖가지의 업을 베푸는 지혜.

□ 묘관찰지 (妙觀察智): 사물의 모양을 잘 관찰하여 선악을 가려내고 남을
　　　　　　　　　　　교화하여 의혹을 끊게 하는 지혜.
□ 평등성지 (平等性智): 자기와 타인의 평등함을 아는 지혜.
□ 대원경지 (大圓鏡智): 크고 둥근 거울에 모든 것이 있는 그대로 비치는
　　　　　　　　　　　것처럼 일체를 구름 한 점 없이 밝게 하는 청정한
　　　　　　　　　　　부처님의 지혜

그럴듯한가? 다른 글도 여럿이다.

≪한국민족문화대백과≫를 보면

□ 사지 (四智): 불교의 법상종(法相宗)에서 세운 부처의 네 가지 지혜. 범부
의 8가지 의식이 변하여 대원경지(大圓鏡智) · 평등성지(平等性智) · 묘관찰
지(妙觀察智) · 성소작지(成所作智)의 4지(智)가 된다고 한다.

　첫째, 대원경지는 인간 의식의 심연에 있는 제8식이 무명(無明)을 모두 제거
하게 될 때 나타나는 지혜이다. 이것은 한 점의 티끌도 없는 거울에 삼라
만상이 그대로 비쳐 모자람 없이 나타나는 것과 같이 원만하고 분명한 지혜
이므로 크고 둥근 거울과 같은 지혜라고 한 것이다.

　둘째, 평등성지는 인간의 자의식(自意識)에 해당하는 제7식이 변하여 얻는
지혜이다. 제7식은 원래 나와 남에 대한 구별이 밑바탕에 깔려 있는 의식
이므로 여러 가지 차별을 낳게 된다. 그러나 일체가 한결같고 평등함을 관
하여 자타에 대한 차별적인 견해를 대자비심(大慈悲心)으로 바꾸기 때문에
중생교화를 위한 평등한 지혜가 발현된다는 것이다.

셋째, 묘관찰지는 제6식인 의식(意識)이 변하여 이루어지는 지혜이다.

이 지혜는 모든 법의 실상을 묘하게 관찰하여 설법을 베풀고 중생의 의혹을 끊는 데 사용하는 지혜라고 한다.

넷째, 성소작지는 눈·귀·코·혀·피부 등의 5관으로 느끼는, 전5식(前五識)이 변하여 이루는 지혜이다. 즉, 5관으로 행하는 일을 올바로 이루도록 하는 지혜이기 때문에 성소작지라고 한 것이다.

이와 같은 4지에 대해서는 신라의 원효(元曉)를 비롯하여 법위(法位)·경흥(憬興)·의적(義寂) 등이 심도 깊은 해설을 가하고 있다.

원효는 특히 ≪무량수경종요(無量壽經宗要)≫에서 이를 상세하게 해설하였다.

원효는 성소작지가 능히 부사의한 일을 만들어낸다고 하여 부사의지(不思議智)라고 하였다.

부처의 신체적 구조는 중생과 크게 다를 바 없지만, 중생을 교화하고 그들의 중죄(重罪)를 소멸시키는 등 훌륭한 과보를 생각으로 헤아릴 수 없는 부사의한 것이라고 해설하였다.

그리고 묘관찰지는 가히 지칭할 수 없는 경계를 관찰하는 지혜이기 때문에 불가칭지(不可稱智)라고 표현하였다.

이른바 모든 법은 그림자나 꿈과 같아서 있는 것도 아니요 없는 것도 아니며, 말을 떠났고 생각이 끊어진 것이기 때문에 말만을 좇는 사람들의 의식으로는 헤아려 볼 수가 없는 것이라고 하여 불가칭지라고 하였다.

평등성지는 모든 중생을 널리 제도하는 지혜라 하여 대승광지(大乘廣智)라고 하였다.

이른바 제7식이 무아(無我)에서 노닐기 때문에 평등하게 포섭하지 못할 것이 없다.

그리고 동체지(同體智)로써 한량없는 중생을 정각(正覺)의 세계로 인도하기 때문에 대승광지라고 한다고 하였다.

  그리고 대원경지는 마음의 근원으로 들어가서 일체의 경계를 뚜렷이 비추는 무등무륜최상승지(無等無倫最上勝智)라고 하였다. 그리고 이 대원경지에는 다섯 가지 수승함이 있다고 하였다.

첫째는 무등이다. 해탈신(解脫身)은 이승(二乘)도 얻을 수 있는 것이지만, 대원경지는 법신(法身)으로서 부처만이 이룰 수 있는 것이므로 무등이라 한 것이다.

둘째는 무륜(無倫)이다. 앞의 세 가지 지혜는 보살도 점차로 얻을 수 있는 것이지만, 대원경지는 부처만이 증득할 수 있는 것이므로 다른 무리와는 함께 하는 짝이 없다고 하여 무륜이라 한 것이다.

셋째는 최(最)로서 성소작지를 넘어서 있는 것이기 때문이고,

넷째는 상(上)으로서 묘관찰지의 위에 있는 것이기 때문이며,

다섯째는 승(勝)으로서 평등성지보다 더 너그럽기 때문이라고 하였다.

  원효는 이어서 4지에 대한 네 가지 의혹에 대하여서도 자세하게 해설을 하고 있다.

  그러나 법위와 경흥은 대원경지를 부사의지에, 평등성지를 불가칭지에, 묘관찰지를 대승광지에, 성소작지를 무등무륜최상승지에 배당시킴으로써

원효의 배열과는 완전히 역순을 취하였다.

 또, 의적은 경흥과 법위의 배열을 따르면서도 독자적인 설을 주장하여 대원경지를 무애무장지(無碍無障智)라 하고 평등성지를 청정지(淸淨智)라 하였으며, 묘관찰지를 일체지(一切智), 성소작지를 무체지(無滯智)라고 하였다.

≪출처 한국민족문화대백과≫에서

≪두산백과≫를 보면

사지(四智): 불교의 유식학파(唯識學派)에서 말하는 여래(如來)의 네 가지 지혜.

대원경지(大圓鏡智) · 평등성지(平等性智) · 묘관찰지(妙觀察智) · 성소작지(成所作智)의 네 가지 지혜이다.

불과(佛果)에 이르러, 유루(有漏:세속)의 마음인 8식(八識:阿賴耶 · 末那 · 意 · 身 · 舌 · 鼻 · 耳 · 眼識)이 변하여 얻어지는 무루(無漏:열반)의 지혜이다.

① 대원경지: 제8아뢰야식(阿賴耶識)을 전환하여 얻어지는 지혜는, 크고 둥근 거울이 만물을 비추는 것과 같이 일체의 사물의 참모습을 비추는 지혜로서 그.본체는 부동(不動)이며 다른 세 지혜의 근본이 된다.

유식학의 불신(佛身:自性身 · 受用身 · 變化身)사상과 견주어 보면 자성신(自性身:진리의 몸)의 지혜이다.

② 평등성지: 제7말나식(末那識)을 전환하여 얻어지는 지혜는 자타(自他) 일체의 평등을 깨닫고 대자비심과 상응하는 것이다.

③ 묘관찰지: 제6의식을 전환하여 얻어지는 지혜는 모든 대상을 직접 접촉하지 않고 관찰하여, 모든 의심을 끊고 자유자재로 설법하는 지혜이다.
②와 ③은 수용신(受容身:진리를 수용하고 自利를 성취한 몸)의 지혜이다.

④ 성소작지: 제5신식을 전환하여 얻어지는 지혜는 5관(五官:눈·귀·코·혀·몸)의 대상에 대하여 자제하게 되며, 중생의 이익을 위하여 여러 가지 불가사의한 동작·사업을 하는 것이다. 이는 변화신(變化神)의 지혜이다.

≪출처 두산백과≫에서

불전 좀 넘겨본 이 아니고는 제대로 읽기조차 어려운 글이지만, 한마디로 깨친 이라야 제대로 이해할 수 있다는 의미이다.
선사들의 법문도 다를 바 없다. 이 사지(四智)는 불자들이라면 귀에 딱지가 앉을 정도로 수없이 들어온 내용이다. 위의 글에 전혀 공감할 수 없어서 논문까지 일부러 구해보았다.
산스크리트어나 팔리어로 된 불전에도 발견되는 듯한데, 과연 부처님께서 위의 이해에 동의하실까? 의문이다!

소동파

송나라 제일의 문장가이자 명필인 소동파(1037~1101)는 뛰어난 재주에 비해 관운(官運)이 순탄치 않은 탓에 하릴없이 지내다가 하루는 고승이 있다는 소리를 듣고 옥천사를 찾아갔다.

선사를 만난 소동파는 통성명하면서 시건방을 떨었다.
'제 성은 칭(秤)가입니다. 세상을 저울질하는 칭(秤)가이지요.'
선사는 '악!'하고 큰소리를 지르고는,
'이 소리는 몇 근이나 됩니까?'했다.

할 말을 잃은 소동파는 상총스님을 찾아가 정중히 설법을 청하였다.
상총스님은 '선비께서는 유정설법만 듣지, 무정설법은 듣지 못하나

보구려.'하며 측은히 바라보셨다.

더 먹먹해진 가슴을 부여안고 돌아오다가, 계곡 폭포수 소리에 마음
이 확 트이는 경험을 한다.

이때 무정설법을 들은 심정을 표현한 오도송(悟道頌)은 이렇다.

계성변시장광설(溪聲便是長廣舌)
시냇물 소리가 그대로 부처님의 장광설이요.

산색기비청정신(山色豈非淸淨身)
산빛이 어찌 그대로 청정법신이 아니겠느냐!

야래팔만사천게(夜來八萬四千偈)
밤새 들은 팔만사천 법문의 그 소식을

타일여하거사인(他日如何擧似人)
뒷날에 어떻게 사람들에게 내보일까!

무정설법을 들은 사람들

원시 미개한 시대와 신화의 핍박에서 헤쳐나올 즈음, 신의 뜻대로 만들어져 신의 의지대로 생존해야만 하는 존재가 아닌, 자주적이며 독립적 인간 실존의 가치에 눈을 뜬 자유로운 사상가들이, 거의 동시대 동서양의 곳곳에서 혜성처럼 출현한 때를 혹자는 축의 시대라고 했다.

즉, 신화적 분위기에 침잠하여 피동적 삶에 연연하던 인간이 문득 자신의 실존적 의미와 우주적 본질에 의심을 품고 사유의 날갯짓을 비로소 시작하던 시기이다.

그 한복판에 석가모니(BC 563~BC 483)와 공자(BC 551년~BC 479), 노자(BC 579?~BC 499?)를 위시하여 맹자(BC 372~BC 289), 장자(BC 369~BC 289)가 있었고, 그리스의 현인 탈레스

(BC 624~BC 545)와 피타고라스(BC 570~BC 490), 소크라테스
(BC 470~BC 399) 플라톤(BC 428~BC 347) 등이 있다.

　그 중, 탈레스(BC 624~BC 545)는 모든 사람이 아직 신화적 세
계관 속에서 우주 만물과 운행 질서를 신의 섭리로 믿고 있을 때,
이를 단호하게 부정하고 모든 구성물질의 근원은 '물'이라는 파격
적 선언을 한 최초의 인물이다.
천문과 기하학에 능통한 수학자로서 태양의 궤도를 규정하였고 태
양과 달의 크기를 알아냈다. 1년을 365일로 나누는 법을 고안했으
며, 일식 날짜를 정확히 예측하였다. 이집트 왕의 부탁으로 그림자
를 응용하여 피라미드 높이를 계산해 내는 등의 행적으로 고대 그
리스 철학 밀레투스학파의 창시자로 불린다.

　얽매임 없는 파격적 사유 방식은 제자들에게 면면히 이어져서,
학파 계승자 아낙시만드로스는 스승의 주장과 사뭇 다른 이론 전개
도 주저하지 않았고, 다시 그의 제자 아낙시메네시는 공기를 만물
의 근원으로 제시하였다.

　삶에 대해 냉철함과 통찰력을 소유한 탈레스는 자상하게도 많은
잠언을 남겼는데,
그 첫째가 '보증 서지 마라. 보증 즉 파멸' 이다.

해탈을 염원한 수학자

탈레스의 제자 피타고라스(BC 570~BC 490)는 독특한 정신 세계와 인생관, 남긴 업적 등이 심오하기도 하지만, 누구냐는 물음에 자신을 지혜를 추구하는 자(philosophos)라고 소개한 까닭에 최초의 철학자로 불린다.

네 번의 전생을 기억했고 영혼의 전이설을 주장하며 동물에게도 설교를 마다하지 않는 등의 행적은 '스탠퍼드 철학백과사전'에 '사후 세계와 영혼 불멸과 윤회를 굳게 믿었고, 종교의식에도 심취했으며, 간혹 이적을 행하여 두 장소에 동시에 존재하기도 했고, 채식주의자로서 엄격한 식이요법 등의 수행법 개발에도 철저했던 인물'로 소개되어 있다.

영혼의 환생에 대해서는, 청정한 삶을 통해 윤회의 굴레에서 벗어날 수 있다는 신념 속에 영원불멸한 우주의 진리를 깨닫고자 하였고, 만물은 모두 수(數)라는 확신에서 수의 성질을 탐구하는 수행법으로 영원불멸한 우주의 진리를 알 수 있다고 여겼다.

'피타고라스의 정리'를 확립하며 물체의 기하학적 형태가 숫자와 대등함을 발견하였고, 순수한 사유의 산물인 수(數)는 겉으로 드러난 특성에 불과한 물질적 형상과 근본적으로 동일하므로, 마음이 곧 물질이라는 신념을 갖게 되었다.

피타고라스는 대장간의 대장장이들이 두드리는 망치 소리가, 아름다운 화음으로 들릴 때도 있지만 간혹 귀에 몹시 거슬리는 까닭을 궁금히 여기던 중, 자연계의 조화로운 현상은 수의 규칙성과 비례관계임에 견주어, 망치 무게의 비율이 정수비이면 소리가 조화롭고 정수비로 나타낼 수 없는 경우 귀에 거슬리는 소음에 불과한 줄을 밝혀냈다.

물질의 무게를 수치로 나타내듯, 물체로 인해 나는 소리도 수와 연관 지을 수 있다는 생각에서 현의 길이를 정수비로 나누어 8음계를 구하였다.

음악의 화음조차 수학적 원리가 적용되며, 그러한 원리에 충실할 때 자연은 조화로운 모습으로 나타나게 된다는 것을 다시 증명한 셈이다.

이처럼 음악에서 숫자와 화성(和聲)의 놀라운 관계를 발견한 후, 마음과 물질과 아름다움이 숫자를 통해 완벽한 조화를 이루며 완성된다고 믿었다.

또한 아름답다고 여기는 소리의 근원은 인간들이 은연중에 듣는 천체의 소리일 수 있다는 기상천외한 발상은, 천여 년이 흐른 뒤에 행성의 운동 법칙을 발견한 요하네스 케플러의 연구로, 화성이 하루 동안 공전하는 타원형 궤도의 근일점과 원일점 각도의 비가 3:2로서 5도 음정과 일치하고, 토성의 비는 5:4로 3도 음정과 동일함이 밝혀졌다.

피타고라스와 추종자들은 엄연히 종교적 수행공동체 중심의 집단이었다.
엄격한 식이요법을 행하면서 부조화가 초래하는 신체적 질병은 의술로 바로잡듯이, 정신적인 면에서는 음률이 동반하는 균형과 조화의 음악적 가타르시스<청정(淸淨)•정화(淨化)> 체험을 중시했다.

직각삼각형의 빗변의 제곱이 직각을 둘러싼 각 변의 제곱의 합과 같다는 '피타고라스 정리'를 발견했을 때의 감격과, 매순간 확연하게 드러나는 '만물은 수(數)'라는 절대적 진리의 견고한 확신과 경이로움은, 환희의 감정과 감동을 훨씬 초월하여 종교가 추구하는 궁극의 경지를 사무치게 만끽하는 계기였다.

이러한 점진적 각성은 늘 종교적 지복감과 일치하므로 종교의 지도 자인 교주로서의 피타고라스로 그의 행적이 후세까지 이견이 없이 전해진 것이다.

한때는 자연수의 비로 표현되지 않는 무리수의 출현 때문에 자신들의 신념 체계가 훼손되는 듯한 위기도 겪었으나, 오늘날 물리법칙과 화학공식 우주천문학 등의 과학계 심지어 음악계를 망라하여 응용되지 않은 곳이 없으니, 과연 근대과학 발전에도 미친 영향이 지대하다.

만약 합리적 사고와 정리된 이론을 숭상하는 피타고라스와 부처님이 마주하셨다면, 피타고라스는 의심의 눈초리로 당연히 물었으리라!

'사지(四智)는 친히 설하신 내용인가요?'

석가모니께서는 피타고라스에게 손사래를 치시며

'죄송합니다. 제자들이 잘못 알아들었습니다.'라고 하셨겠지!

이렇게 봐야지

　안이비설신(眼耳鼻舌身) 눈 귀 코 혀 몸, 즉 외부의 자극을 직접 받는 5가지 감각기관 오감을 전5식(前五識)이라 하고, 육감이라 일컫는 것이 제6식이다.

심리학의 잠재의식은 제8식에 해당한다 할 수 있는데, 그 중간에 제7식이 있다는 것이 불교 유식의 견해이다. 이를 근거로 사지(四智)설은 전개되었다.

　피타고라스 못지않은 석가모니께서는 분명히 그 시절의 과학적 개념과 용어로 설명하셨음을 의심할 수 없어서, 사지(四智)의 의미를 하나하나 되짚어 보겠다.

□ 성소작지(成所作智)

조건이 성립되면 작동하여 아는 일이라는 뜻을 네 글자 속에 확연히 드러냈다.

눈이 사물을 봤을 때, 귀에 소리가, 코에 냄새, 혀에 맛, 피부에 어떤 접촉 등이 있을 때, 즉 조건이 성립된 곳에서 보고, 듣고, 냄새와 맛, 피부의 접촉을 아는 것을 말한다.

불교에서 지(智)의 의미는 부처님과 거의 동격이다.

이 '지'자를 지혜지(智) 의미로 곡해해서 이런 억지가 만연한 것이다.

그저 알지(知)자로 이해해야 희한한 괴변이 끼어들 여지가 없다.

□ 묘관찰지(妙觀察智)

오감처럼 지목할 수 있는 곳이 뚜렷하지 않으니 무엇이 그러는 줄 정확히 알지 못하나, 걸으면서도 듣고 보며 맛과 냄새까지 동시에 알아차리는 등 묘하기 그지없는 것이다.

일신 내외에서 일어나는 상황을 면밀하게 관찰하는 정신작용을 가리킨다.

□ 평등성지(平等性智)

이런 비유가 있다.

'바위가 네 머릿속으로 들어와서 바위인 줄 아느냐?'

'종이 머릿속으로 들어왔기에 종소리인 줄 아는가?'

오감의 접촉은 신경계통에서 전기적 신호라는 동일한 방식으로 교감한다.

눈 귀 코 혀 피부까지 모두 한결같기에 그 성질이 다를 바 없어 평등하다고 한 것이다.

□ 대원경지(大圓鏡智)

'대방광불화엄경'에 익숙한 탓일까?

대(大)자만 앞에 붙으면 엄청난 환상에 빠져드는 게 불자들의 속성이다. 대원경지도 마찬가지다.

여기서도 이 대(大)자가 말썽을 부렸다. 오해할 여지가 티끌만큼도 없다. '크고 둥근 거울'이란 뜻의 명사에 불과하다.

하늘 높이 솟은 빌딩이건, 거대한 산천이건, 드넓은 우주라도 단번에 다 비추는 거울처럼 알 수 있으니 그 한계가 끝이 없어서 크다 했을 뿐이다.

오래 사는 놈들

고대 문서에서조차 윤회에 대한 기록은 심심치 않게 보이거니와 동서고금에 육신이 윤회의 주체가 아니라는 점에 대해서도 재론의 여지가 없다. 인간을 위시한 모든 생명체는 생명력을 잃으면 그 형태가 결국 소멸되기 때문이다.

자연스레 사유의 기대치는 육신에 깃든 인간성 즉 마음 혹은 정신의 무소부재함에 주목하고 불멸성을 부여하여, 사후에도 영원히 존재한다는 영혼불멸론의 영생과 극락세계의 무량수 등에 대한 강력한 믿음으로 더욱 견고해져서 절대적인 것이 되어버렸다.

처음 경전을 접하면 옛날 얘기책 보듯 할 수밖에 없다.
광대한 세계관은 웬만한 상상력으로는 감당불가이다. 마치 옆집

이야기하듯 그 낱낱 국토의 불보살님의 명호와 수명까지 열거하니 제아무리 믿어보자 해도 난감하기 짝이 없다. 특히 화엄경의 세계관은 인류사 전반을 관통해 완전 독보적일 것이다.

예전에 썼던 글에, 하루살이의 짧은 생 입장에서 보는 인간 백 년 삼만 육천일의 수명은 도저히 이해 불가능하므로 무량수(無量壽)일 수밖에 없을 거라고 했던 기억에, 문득 하루살이 수명을 검색하여 찾아보았다. 놀랍게도 하루 정도가 아니었다.
하루밖에 못 산다는 하루살이는 성충이 되면 입이 퇴화해서 먹지를 못한 채 하루 이틀 번식만 하다가 죽지만, 정작 하루살이의 유충은 짧게는 1개월 긴 놈은 3년이나 습지에서 서식한다고 했다.

바이러스와 세균 생존방식은 또 달라서 아예 생멸을 특정할 수 없다. 한 세포가 둘로 나뉘고 그 둘이 각기 둘로 나뉘길 거듭하니 언제 죽는지 알 수 없기 때문이다.

불멸의 암세포라고 알려진 '헤라세포'는 순전히 인간의 것이다. 1951년 미국 볼티모어에서 흑인 여성 헨리에타 랙스는 자궁경부암 진단 후 8개월 만에 사망했다.
랙스의 종양 샘플은 한 연구원의 실험실로 보내져 배양되어, 이후에 암, 독감, 파킨슨병을 치료하는 약과 소아마비 백신 개발에 사용됐으며, 에이즈의 원인도 헤라세포를 통해 밝혀졌다.

방사선 노출이 세포에 미치는 영향을 테스트하기 위해 우주선에 실려 외계로 나갔었고, 사후 70년 동안 이처럼 전 세계 과학자들이 공유하며 인간의 질병에 대한 엄청난 연구성과를 이끌어내는 데 이바지하였다.

현재도 45달러에 거래된다는 렉스의 세포는 과연 세계 곳곳의 연구실에서 그의 영혼과 어떤 교류를 하고 있을까?

영생하는 세계

    불전에서 거론하는 층층의 세계와 수명의 장단(長短)은 상상 초월 이다. 하지만 지구상 생명체 또한 만만치 않다.
지상의 생명체 중에도 촌각을 다투듯 생멸하는 것이 있는가 하면, 해삼 따위는 모든 내장을 들어내도 다시 살아나서 수명의 한계를 알지 못하는 생물로 알려져 있다.

    히드라 역시 수십 조각으로 난도질을 당해도 낱낱이 모두 재생 하여 심지어 수정란 상태로 회귀하고, 작은보호탑해파리는 도마뱀 처럼 '이형분화' 원리로 재생을 반복해서, 이론상 이런 생명체는 다른 것에 먹히지만 않으면 영원히 생존한다니, 현대 생명과학의 놀라운 발견은 무량수가 먼 별나라 극락세계만의 이야기가 아니라 는 사실을 새삼 확인시켜 준다.

실제로 인간 평균수명은 불과 한 세기 만에 몇 배나 늘어났고, 의술과 생명과학의 비약적 발전은 DNA 조작으로 해삼과 히드라처럼 인간수명의 한계를 곧 뛰어넘을 기세이다.

연꽃봉오리에서 화생(化生)한다는 경전 속 극락세계처럼, 세태의 급변으로 결혼과 출산을 기피하는 현상을 목도하며, 그런 세상이 이 땅에도 이미 도래하고 있다는 느낌이 강렬하다. 불전에서 말하는 연꽃봉오리가 인큐베이터인 줄 희미하게 감이 잡혔기에 떠오른 생각이다.

길고 처참한 2차 대전이 종전의 기미도 없이, 집집마다 전상자의 신음이 낭자하고 전장으로 출병할 자원도 고갈되어 갈 즈음, 영국의 수상 처칠은 아기 생산공장 설립을 극비리에 추진했다는 일화가 있다.

종전 후에 그 원천기술은 체세포로 개구리를 탄생시켰고, 생쥐, 양, 돼지, 소, 개 등을 같은 방식으로 다양하게 복제해 냈다.
출산율 감소로 소위 말하는 인구절벽이 현실이 되면, 위정자들은 국가의 존망에 관한 문제이므로 연꽃봉오리에서 아기를 받아들길 원하게 될지 모를 일이다.

어쨌든 무량수의 극락이건 영생의 천당이건, 있는 세계는 반드시 없어지는 것이 성주괴공(成住壞空) 만고의 법칙이요, 생자필멸(生者必滅)이거늘 가서 태어났으면 죽어나가야 할 일은 필연이므로 동전의 양면과도 같은 이치이다.

모두 어리석은 탓에 아무렇게나 지껄이는 소리에 불과하다.

골디락스 존

천문학자 칼 세이건은 '우주에 우리밖에 없다면 엄청난 공간의 낭비'라고 일갈했다.

또한 많은 학자들은 태양계의 지구처럼 생명체의 존재 가능 구역인 골디락스 존(Goldilocks zone)을 가진 천체를 최소 1억 개가량으로 추측하지만, 아직 서로 교류하지 못한 이유를 매우 합리적으로 해석한다.

미국 로체스터대 천체물리학자 아담 프랭크 교수의 연구에 따르면, 드넓은 우주에서 인간과 같은 고등지능 생명체의 증거를 찾을 수 없는 까닭은, 기후변화를 포함한 행성의 환경 변화에 따른 문명의 숙명적 한계 때문이라고 했다.

행성의 생명체가 정점에 이르고 평균 온도가 급속하게 상승하여 생존이 불가능할 정도가 되면, 거주자가 급격히 줄어들어 기존의 기술 문명이 유지될 수 없어서 이전의 상태로 돌아가게 된다. 이러한 문명 붕괴의 패턴은 동시에 인간도 멸종시킨다는 것이다.

 높은 의식 수준의 행성 거주자가 문제의 원인을 미리 깨닫고 소비 자원을 고충격 자원에서 저충격 자원으로 바꾸는 등의 노력으로 잠시 상황이 안정될 수 있겠으나, 이 또한 최적의 대처 시기를 놓치면 계속되는 행성의 기후변화는 결국 문명의 붕괴를 재촉하게 된다.

 인구 증가에 비례하여 점점 더 많은 자원이 소비되는 문명은 숙명처럼 행성의 환경을 변화시키게 되므로, 문명과 행성의 운명이 자원 소비 행태에 따르는 것은 우주의 공통 속성이기 때문이다.

 이런 관점에서 통계학적으로 외계 문명이 존재하는 것이 거의 확실한데 증거가 없는 이유에 대해서, 행성의 문명이 먼 우주여행을 가능케 할 기술을 발전시킬 만큼 오래 존속할 수 없는 한계성과 그 핵심 요인으로 기후변화를 지목했다.

 지구 문명의 비약적 발달이 18세기 산업혁명 이후 200~300년 사이 벌어진 일임에도 불구하고, 겨우 수십 년 뒤의 존립을 걱정하는 현실을 감안하면 꽤 설득력 있는 연구물이다.

인구가 증가하여 행성의 온도가 높아지더라도, 다행히 인구가 안정적인 수준으로 유지되면서 행성도 더이상 변하지 않는 평형 상태를 찾은 문명이 있다면, 조금 더 긴 시간 존재할 수 있겠으나, 제행무상(諸行無常)은 시공간을 꿰뚫는 불변의 진리이니 어떠한 이론이든 이를 거스르진 못할 것이다.

피타고라스의 탐구력

　피타고라스는 전통적으로 그저 그런 줄 알고만 있던 것을 도형을 통해 왜 그러한지 기하학적 증명을 함으로써, 진리의 의미는 합리적 결론이 동반되어야 한다는 사실을 세상 사람에게 각인시킨 특출한 인물이다.

인간성의 본질을 물질적 요소 대신 비물질적 영혼관에 주목하고, 윤회하는 영혼의 고통을 완벽히 멈출 방법을 모색하여, 자신을 따르는 제자들의 지향점으로 제시하였다는 것은 그 시대의 조류에 비춰 평범한 일이 아니었다.

　음의 조화를 천체의 운행의 소리로 해석하는 발상 등은 현대의 심리학이 증명한 일이니 얼마나 놀라운가!

전혀 의식하지 못하는 것에 대해 친숙해진다면 결국 그 외 성질의 것에는 배타적 입장을 갖게 된다.

피타고라스는 어쩌다 듣는 대장간의 망치 소리에서가 아니라, 태고적부터 모든 사람이 들어서 익숙하고 아름답다고 여기는 소리의 근원을 천체에서 비롯된다고 생각했던 것이다.

　많은 나라에서는 정치와 광고 분야에서 암암리 사용하는, 대중이 인지 못하는 사이 무의식에 영향을 주어 합리적 판단을 왜곡시키는 다양한 형태의 마케팅 기법을 비도덕적인 사회악이라 규정한다.

　피타고라스는 오직 진리를 추구하는 탐구력으로 집단의 무의식에 끼치는 외부의 영향이 존재할 수 있음을 그때 이미 간파하였다는 점에서 놀라움을 금할 수 없다.

진정코 무정설법에 통달한 대가다운 인물이다.

중국에선

　고대 중국의 상(商)나라 즉 은(殷)이 멸망하고 주(周)나라 동주
(東周)시대 즉 춘추시대(BC 770~BC 403)의 혼란한 틈바구니에
제자백가라고 불리는 걸출한 인재들의 출현은 사상의 다채로움과
풍요로운 자취를 남겼다.
노자(BC 579?~BC 499?)와 공자(BC551~BC 479) 또한 그 시대
를 풍미했던 두드러진 인물이다.

　신적 세계관이 팽배하던 상나라의 상제(上帝)를 멸한 주나라는,
공자(孔子)의 '천명(天命)은 덕이 있는 사람에게 옮겨간다.'는 천인
합일사상(天人合一思想)을 당위성으로 하여 통치이념으로 삼았다.
이러한 인간중심의 사상적 전환은 매우 혁명적인 일이었다.

공자가 주창한 인(仁)의 지향점은 예(禮)이다. 예(禮) 또한 중용(中庸)으로 잣대를 삼아 치우침을 경계했다. '임금은 임금답고 신하는 신하다우며, 아비는 아비답고 자식은 자식다울 때' 즉 인간이 인간답게 산다는 것의 가치를 공자는 평생 선양코자 하였다.

노자는 천(天)이 도덕의 근원이 아니며 인간이 지켜야 할 도덕이 도(道)라는 전통적 사고 개념을 파괴하고, 우주 질서를 유지하게 해주는 이법(理法)으로서 만물 생성의 근원을 도(道)라고 천명하였다.
결코 표현할 수 없는 현묘한 것이지만 굳이 이름하여 도(道)라 한다는 것이다. 이는 형이상학적 사상 전개의 시발점이며 중화사상을 더욱 다채롭게 물들이게 된다.

도는 독특한 성질이나 별난 모양을 갖지 않았거니와 늘 그러면서도 없는 곳이 없으므로, 눈으로 볼 수 있는 우주 만물은 도가 스스로를 드러낸 모습에 지나지 않는다고 했다. 이러한 도에 부합하여 자연의 순리대로 사는 이를 무위진인이라 부른다.
즉 인위적인 것을 멀리하고 순박한 자연의 모습을 따름이 도에 다다를 수 있는 길이라고 설파하였다.

두 성인이 머물던 춘추를 지나 전국시대에 접어들어, 공자의 사상적 영향을 받은 맹자는 인(仁)과 의(義)를 한층 선양함에 그치지 않고, 호연지기(浩然之氣)로서 유학 내에 정신적 수양의 분위기를 고양(高揚)시키는 계기를 마련했다.

노자의 학설을 가장 잘 계승하고 발전시킨 인물은 장자(莊子)이다. 하지만 노자의 가르침이 군주론적 성향인 것과 달리, 장자는 우화적 비유로 독선과 편견에 치우치지 않은 만물의 상대성과 보편적 평등성의 도리를 깨우쳐, 안심입명(安心立命) 즉 마음이 편안한 삶을 영위하는 것에 훨씬 더 가치를 부여하였다.

인간세(人間世) 편에서, 집을 짓거나 배를 만들어도 몇 채를 만들 수 있는 거대한 나무를 거들떠보지 않고, 목수는 제자에게 '그 나무는 배를 만들면 곧 가라앉고 집을 지으면 내내 진이 흐를 것이고 관을 만들어도 바로 썩는 아무짝에도 쓸모없는 나무'라고 일러준다. 꿈에 목신이 나타나 '과실수는 열매 때문에 가지가 꺾여 부러지며, 훌륭한 재목감은 도끼에 쓰러지거늘 네가 어찌 쓸모없음의 진정한 가치를 알겠느냐!' 했다는 이야기는 그의 사상을 엿보기에 넉넉하다.

또한 장자가 복수에서 낚시질을 하고 있었을 때 초(楚) 위왕(威王)이 대부를 보내 국정(國政)을 위임하겠다는 뜻을 전하자, 장자는 '초나라에는 죽은 지가 3000년이나 된 거북이를 신령스럽다 여겨 천에싸 서 묘당(廟堂)에 간직하고 있다는데, 거북이는 죽어서 뼈를 남겨 귀중한 대접을 바라겠소? 살아서 진흙탕에서 꼬리를 끌고 다니기를 바라겠소?' 하고는 뒤도 돌아보지 않았다는 안심입명(安心立命) 의지는 후대 중국인들의 청담사상과 은둔사상에 오래도록 영향을 미쳤다.

이러한 도가의 무위(無爲)사상은 훗날 불교의 선(禪)사상에도 영향을 끼쳐서 중화인들이 불교를 이질감 없이 접하는 데 크게 일조하였다.

근본이란 것

　동서양의 성현들은 세상의 섭리를 이해하고자 각별한 노력을 기울였고 다양한 흔적을 남겼다. 고대 탈레스 때부터 자연 현상들을 이해하기 위하여 물질의 구성 입자에 대한 논의가 치열했다.

탈레스는 만물의 근원을 물이라고 생각했고, 아낙시메네스는 만물의 근원이 공기, 헤라클레이토스는 만물의 근원이 불이라고 생각했다.

　엘레아 학파에서는 흙을 원소로 보는 경향이 강했고, 엠페도클레스는 물, 불, 공기, 흙이 동등한 위치에서 만물을 만들어 낸다고 생각했는데 이 이론을 4원소설이라고 한다. 이 이론은 그가 생존했던 기원전 400년대부터 계속되어 이천 수백 년이 지난 19세기에 와서야 폐기가 되었을 정도로 강력한 것이었다.

그 와중에 이 세상의 만물은 수로 연결되어 있고, 세상의 이치를 이해하려는 밑바탕에는 반드시 수학이 존재한다고 굳게 믿은 피타고라스는, 테트라크티스(Tetraktys)에서 수의 본질과 다양한 의미를 탐색했다.

맨 꼭대기 한 점의 상징을 근원으로 하여, 아래 두 점, 그 아래 셋, 다시 그 아래 네 점을 배치하여, 합이 완성수 10이 되는 삼각형으로 우주 현상을 철학적으로 파악하고자 했다.
근본인 한 점 아래, 두 점은 직선이 되고, 셋을 이으면 면이 되며, 면과 위의 한 점 이 넷을 선으로 이으면 공간을 나타내는 뿔삼각형이 되므로 우주를 완벽히 구현(具顯)한 것이라고 여겼다.

시간과 공간의 제약을 넘어선 절대적 존재라는 의미를 지닌 무극(無極)은 유가와 도가의 중요한 철학적 개념이다.
우주의 근원인 원초적 상태의 무극은 둥근 원(圓)으로 상징화된다.
만물이 돌아가야 하는 근본자리이며 도교 수행인들의 귀향처이다.

음양(陰陽)의 기운이 만물을 생성하는 이치를 형상화한 것이 태극(太極)인데, 우주 만물의 법칙과 원리를 세밀히 규명하고자 수(水), 화(火), 목(木), 금(金), 토(土) 오행을 더하여, 음양오행설(陰陽五行說)의 체계를 확립하게 된다.

제 2 장

무엇이
돌고 도는가

■ 사성제 [四聖諦]

고성제 (苦聖諦), 집성제 (集聖諦),

멸성제 (滅聖諦), 도성제 (道聖諦)

● 고성제 (苦聖諦)

8가지 괴로움 (四苦八苦)

1. 생(生)　태어남.

2. 노(老)　늙음,

3. 병(病)　질병.

4. 사(死)　죽음.

5. 원증회고(怨憎會苦)　싫어하는 사람과 만남.

6. 애별리고(愛別離苦)　좋아하는 사람과 헤어짐.

7. 구부득고(求不得苦)　바라는 것을 얻지 못함.

8. 오음성고(五陰盛苦)　존재의 괴로움.

● 집성제 (集聖諦)

괴로움의 원인이 되는 것들의 인과관계

무명(無明) · 행(行) · 식(識) · 명색(名色) · 육입(六入) · 촉(觸)
· 수(受) · 애(愛) · 취(取) · 유(有) · 생(生) · 노사(老死)

● 멸성제 (滅聖諦)

삼법인(三法印)의 열반적정(涅槃寂靜),
즉 괴로움을 완전히 멸한 해탈의 경지.

● 도성제 (道聖諦)

열반적정(涅槃寂靜)을 성취하는 법 여덟 가지.
정견(正見) · 정사유(正思惟) · 정어(正語) · 정업(正業) ·
정명(正命) · 정정진(正精進) · 정념(正念) · 정정(正定)

연기(緣起)

  석가모니께서는 그리스 철학의 사원소설(四元素說)처럼 '일체 세간의 가지가지 변화하는 것이 모두 지수화풍(地水火風) 4대의 화합으로 인하여 드러난다.'며 엇비슷한 가르침을 펴셨으나 이는 연기법의 개괄적 설명이다.

  모든 것은 우연히 생겨나거나 홀로 생겨나는 법 없이 시절(時節)과 인연(因緣) 따라 '이것이 있으므로 저것이 있고, 이것이 일어나므로 저것이 일어나며, 이것이 없으므로 저것이 없고, 이것이 소멸하므로 저것이 소멸한다.'는 연기설(緣起說)은 부처님께서 깨달음을 통해 얻은 내용이요, 불교의 근본사상이다.
  '법을 보는 자는 여래를 보고, 여래를 보는 자는 법을 보며, 연기를 보는 자는 법을 보고, 법을 보는 자는 연기를 본다.'고 하셨으니,

연기의 진리를 깨달아 붓다가 되셨음을 알 수 있다.

왕궁을 떠나 처음 대면한 명상수행자인 스승 아라라카라마에게서 '생명은 혼돈(混沌)상태의 분별이 없는 명초(冥初)에서 시작되어 그곳에서 아만(我慢) 즉 나란 생각을 일으키고, 아만을 좇아 우치심(愚癡心)을 내며, 애욕(愛欲) 등등을 내면서 생로병사에 굴러 떨어지게 된다.'는 가르침을 듣게 되는데 12연기의 원형이라 할 수 있을 듯하다.

부처님이 설하신 12연기는 '무명(無明)을 연(緣)하여 행(行)이 있고, 행을 연하여 식(識)이 있으며, 식을 연하여 명색(名色)이 있고 명색을 연하여 육입(六入)이 있다.
육입을 연하여 촉(觸)이 있고, 촉을 연하여 수(受)가 있으며, 수를 연하여 애(愛)가 있고, 애를 연하여 취(取)가 있다. 취를 연하여 유(有)가 있고, 유를 연하여 생(生)이 있으며, 생을 연하여 노사우비고뇌(老死憂悲苦惱)가 있는 것'이라서,
'무명이 멸(滅)하면 행이 멸하고, 행이 멸하므로 식이 멸'하므로 결국 생이 멸하면 노사우비고뇌가 멸하게 되므로 삼세 인과를 극복할 수 있다는 것이 요지이다.

그런데, 무명(無明)을 연(緣)하여 행(行)이 된다면, 그 반대편에는 명(明)이 있을 것이요, 그 옆에는 무엇이 있어야 이치에 맞을까?

무명이 행으로 진행하듯 명도 행 쪽으로 방향을 잡을 것인가?

아니면 다른 무엇? 적(寂)일까? 정(靜)일까?

무명에서 출발한 행은 중생의 무명행이요, 명에서 출발하는 행이라면 불행(佛行)이려나?

이것이 부질없는 공상에 불과할 수 있으나, 결코 무시할 수 없는 이유가 있다. 왜냐하면 윤회를 끊는다, 멈춘다, 벗어난다는 관점에서는 키포인트(Key point)가 아닐 수 없기 때문이다.

함이 없는 행

　행자 교육을 담당했던 스님은 미지의 인물이었다. 삭발한 머리지만 희끗희끗 비치는 머리카락은 나이를 가늠할 수 없었고, 호리호리한 체격에 양팔이 미동도 않는 차렷 자세의 걸음걸이는 신비감을 더했다.

어느 날 '마을 사람들이 절에서 무슨 공부를 하냐고 물어올 때, 함이 없는(無爲行) 공부를 한다고 답하면 무슨 소리인지 모르고 어리둥절해 한다.'라고 했던 기억이 아직 생생하다.

　당연히 행자들도 못 알아들었지만, 이후에도 마치 조계종 종지(宗旨)나 되는 양 수행깨나 했다고 자부하는 이들로부터 수없이 들어야 했던 이야기이다. 그나마 윤회를 염두에 둔 소리였다는 것이 다소나마 위안이 된다.

의도가 없는 행 즉 무위행(無爲行)은 업이 되지 않는다는 믿음이 도출한 결과이다.

여담이지만, 그 스님은 불과 몇 달 후 입대했다.

먼저 무엇이 윤회를 하는가에 대한 생각이 정리되어야 할 것 같다. 불교에서는 업식(業識)이 윤회한다고 가르친다.

행(行)을 연(緣)하여 식(識)이 되니, 명색(名色)부터 노사우비고뇌(老死憂悲苦惱)까지가 업(業)이요, 이 모든 것이 즉 업식이다.

반야심경에서 색즉시공(色卽是空) 공즉시색(空卽是色)이라고 하였다. 색이라는 공, 공이라는 색의 의미는 그렇게 만물은 생성소멸을 반복한다는 뜻이다.

그래서 앞에서도 인용하였지만, 중생이라면 영원한 중생이지 어찌 부처가 되느냐고 하신 것이다.

그런데 더 중요한 건 업은 만물 축에 끼지 않느냐는 것이다.

만약 만물 축에 들면 이것을 없앤다는 말은 애초부터 어불성설(語不成說)이다.

업식이 윤회의 본질이요 주체라면,

어떻게 벗어나고 끊은 것이 해탈일까!

우주를 닫힌 우주라 하든 열린 우주라 부르든 차이가 없다.

작은 것 속에 더 작은 것이 들어있듯, 큰 것은 그 밖을 감싸는 더 큰 것이 있을 것이다. 어디로 탈출하고 어디서 멈추는 걸까!

과연 업식의 정체는 무얼까?

도대체 무엇이기에 윤회를 멈춘다, 끊는다, 벗어난다고 하는 걸까?

난제(難題)가 아닐 수 없다.

노숙자 넋두리

불교에는 팔만장경이 있다. 부처님의 설법도 있지만, 반야심경 270자는 관자재보살이 사리자에게 하신 설법이다. 혜능대사의 법보단경과 유마거사의 유마경, 승만부인의 승만경 등도 대장경에 들어있다.

즉 대장경에는 부처님의 재세 시의 설법부터 시대와 문명의 변화에 따라 시의적절한 불교적 내용도 포함되었음을 알 수 있다.

방대한 내용의 화엄경은 광대무변한 세계관을 펼쳐 보인다. 웬만한 인내력이 아니면 읽어 내기조차 어려운 경전이다. 그러나 삼법인(三法印)의 관점으로 즉 제행무상(諸行無常), 제법무아(諸法無我), 일체개고(一切皆苦) 그리고 열반적정(涅槃寂靜)에서 보면, 몇 자 이내로 정리될 수 있는 경전이다.

왜냐하면, 온갖 정보가 넘쳐나는 마당에 시대의 변화를 거슬러 아직도 종잡기 어려운 이야기로 동의를 구하는 행위는 어리석은 짓이기 때문이다. 얼굴도 모르는 사람의 이름을 아무리 많이 안들 무슨 이득이 있을 것이며, 그들의 훌륭함이 나와 무슨 상관이 있을 것인가!

마치 노숙자가 엄청난 재벌의 성공담을 늘어놓으며 스스로 도취되어 자신의 처지를 잠시 잊는 것과 차이가 없다.

앞에 인용한 우주의 문명관과 생명관으로도 제행무상의 도리가 확연히 드러난다.

제행이 무상(無常)이라면 성주괴공(成住壞空)을 끊임없이 반복하는 세계에, 아무리 기품 있는 수사(修辭)로 꾸민들 본질이 가려질까! 이 나란 것은 무슨 물건이기에 그 법칙에서 벗어날 수 있을 거라 여기고, 구태여 없는 나(無我)를 의탁하려 하는 걸까!

이런 망상이 고의 근본(一切皆苦)이요, 이 이치를 제대로 알았다면 열반적정(涅槃寂靜)일 수밖에 없는 것이다.

빛

굳이 누구도 제대로 알지 못하는 사지(四智)를 이야기의 실마리로 삼은 까닭이 있다.

오감(五感)의 성소작지(成所作智), 제6식인 묘관찰지(妙觀察智), 7식인 평등성지(平等性智), 8식인 대원경지(大圓鏡智) 모두는 그 시대의 가장 과학적 표현이다.

나아가 현대적 용어로 설명하면 전기신호에 의한 작용이다.

바위를 봤다면 바위가 네 눈을 통해 머릿속으로 들어와서 아느냐? 아니라는 말이다.

그때 신경세포로 전달되는 전기신호 세기를 현대의 생명과학에서는 몇 mV로 설명한다.

인터넷에서 코엔자임큐텐(CoQ10)을 검색하면 예전에는 온통 화장품 광고뿐이었다. 지금은 대중의 인식변화로 필수 영양소로 널리 소개가 되고 있다.

인체의 60조 세포마다 많은 미토콘드리아가 있는데, 그 안에서 TCA회로는 포도당을 ATP를 변환시키며, 코큐텐(CoQ10)은 전자전달사슬의 구성요소로 ATP를 생성하는 세포호흡사슬에 관여하여, 인체가 필요로 하는 에너지의 95%를 이 경로로 생성시킨다.

이렇게 만들어진 ATP는 근육수축에 필요한 운동에너지, 인체를 구성하는 물질을 합성하는 화학에너지, 체온유지를 담당하는 열에너지, 발전과 반딧불이처럼 빛을 내는 전기 및 빛에너지로 사용된다. 즉 ATP는 인체라는 공장을 돌리는 에너지로써 전기적 형태를 띤다.

색즉시공 공즉시색에 익숙한 불자라면 즉시 이해할 수 있는 이치라서 거두절미하면, 빛, 전기, 자기, 전파, 전자, 파동, 진동, 전기장, 전자기장, 전자파 등은 모두 같은 것을 두고 달리 부르는 말이다.

인간은 스스로 광합성을 할 수 없으므로 간접적으로 녹색식물이 이산화탄소와 물을 이용하여 탄수화물을 만들 때 이용한 빛의 에너지를, 인체에서 다시 이산화탄소와 물로 환원시키면서 남는 빛

즉 전기에너지로, 인체라는 정밀한 시스템의 공장을 가동하는 것이다. 그 화학적 변환과정을 세포호흡이라고 한다.

마치 들이쉰 숨에서 산소를 공급받고 내쉬는 숨에 이산화탄소를 배출하듯, 빛이 물과 공기를 합성시켜 채소나 과일 등의 먹거리가 된 것을, 세포소기관인 미토콘드리아에서 다시 물과 이산화탄소로 나뉠 때 떨어져나온 빛 에너지를, 인체의 모든 생명 활동에 이용하는 것이 우리 인간의 생존방식이다.

그러므로 만약 인간들이 식물의 모든 부분을 남김없이 소화시킬 능력이 있다면, 이론상 호흡과 소변으로 완벽히 분해되어 배출되므로, 대변의 통로는 애초부터 필요치 않았을 수도 있다.

구조적인 것

　인체의 구조를 보면 몸통 중심을 가로지르는 횡격막 위쪽에는 양쪽의 허파와 그 사이에 심장이 있을 뿐이다. 심정지는 바로 사망이니 한순간도 박동을 멈출 수 없는 근육조직이 심장이다.
그런 탓에 다량의 ATP가 소모되기 때문에 심장 세포에서 특히 많은 미토콘드리아를 볼 수 있다고 한다. 그러나 허파가 심장을 감싸고 있는 이유에는 필경 곡절이 있을 것이다.

　전기 성질을 처음 발견한 이는 탈레스다. 호박을 문질렀을 때, 정전기 현상을 발견한 것이다. 그 당시에는 미미한 정도의 발견이었겠으나, 1930년 즈음 미국에서 발생한 '검은 폭풍'이라 명명된 모래바람에 관한 다큐에는, 건조한 대지에서 발생한 엄청난 모래폭풍이 트랙터와 같은 농기구나 목장에 둘러친 가시철망에 강력한 전기를 띠게 해서, 많은 사람과 가축들이 감전 사고로 희생되었다는 기록이 보인다.

　실제로 인위적인 조건에서 순간적으로 500V 이상의 고압전류가 발생한 실험을 통해 입증된 마찰전기는, 습하고 무더운 날 요란한 소나기를 동반한 천둥 번개에서도 그 위력을 잘 알 수 있다.
지면의 뜨거운 열이 습기를 품고 급상승하여 찬공기와 만나 요동칠 때, 물방울의 움직임은 10억V의 강력한 전기를 만들어 지상에 벼락으로 내리꽂는 것이다.
또한 차고 건조한 날씨에 무심히 닿은 물체나 차의 손잡이 등에서 받는 쇼크로도 짐작할 수 있듯이, 호흡 중에 허파에서 발생하는 마찰전기 또한 심장 박동 근육에 안정적인 전기 공급원이 될 수 있으므로, 허파의 중심에 심장이 위치했다고 생각된다.

　실제로 생명이 위급한 심정지 환자가 발생한 위급상황에서, 전기 충격을 심장에 가해서 정상적인 맥박으로 회복시킬 수 있는 자동심장충격기(AED)가 도착하기 전까지는, 먼저 흉부 압박술을 권장하고, 혹시 인공호흡에 능숙한 사람이 있다면 병행하도록 권장하는데, 산소 공급 차원 말고도 다른 중요한 구조적 기능이 존재하기 때문일 것이다.
즉 호흡이 터지면서 심장의 박동도 동시에 뛰는 걸 보면, 둘은 전류를 매개로 한 불가분의 유기적 관계임이 틀림없다는 생각이다.

그렇게 또 그렇게

늘 화두삼아 품고 있는 의심은 과연 무엇이 있어서 윤회하는가이다.

아무래도 교통이 불편한 곳에 살다 보니 인터넷을 이용하여 스마트폰을 구입해 교체하게 된다. 문득 스마트폰을 만지다가 인간이 윤회하는 원리가 이와 흡사할 거라는 생각이 들었다.

스마트폰이 일반화되기 이전에는 누구나 중요한 사항은 수첩에 기록해야 했다. 지금은 수기문화는 사라지고 거의 모든 것을 스마트폰에 입력한다. 거래처의 전화번호는 물론이고 개인의 일정 및 기록사진과 사업 비밀까지도 담겨질 것이다.

몇 년 전만 하더라도 스마트폰을 교환할 때는, 일단 컴퓨터에 쓰던 스마트폰의 파일을 옮기고 새 전화기를 연결해서 다시 옮겨 담았다. 그 후에는 진화해서 클라우드라는 프로그램을 이용해서 모든 것을 전송했다가 새 전화기로 불러들이면 끝이었다.

그런데 이번에는 배송된 스마트폰을, 쓰던 폰 옆에 두고 앱을 실행하니 파일이 몽땅 넘어가서 교체가 일도 아니게 쉬워진 것이다.

쓰던 스마트폰은 내 것이 아닌 것은 아니지만, 기능이 멈춘 것이라서 전화기로서의 생명력은 끝나버렸다. 구입하여 배송되어 내 손에 있으니 내 것이긴 하지만, 옆 사람이 급해서 그의 정보를 입력해 쓰도록 하면 그 사람 것이 되고 만다. 정확히 나의 고유 정보가 입력되었을 때 새 전화기가 내 것이 된다.

이때 오고 가는 정보 즉 전기신호, 전파는 인간의 업식과 같을까? 아니면 다를까?

예전 전화기의 정보도 일일이 손끝으로 눌러 입력한 것이다. 즉 손가락의 행(行)이, 식(識)의 작용을 일으켜서, 차별이 있는 명색(名色)인 구체적인 정보로 쌓여 업(業)이 되었다는 말이다. 그 업이 고스란히 새 전화기로 넘어왔기에 누가 전화를 받든 바뀐 새 전화기로 연락을 해도 나의 전화인 줄 알고 받는다.

그렇게 또 그렇게 스마트폰은 윤회를 계속한다.

구름같은

　광학 기술은 생명이 있는 모든 동식물에서 발생하는 전자기파를 감지할 수 있는데, 이를 '오라(AURA)'라고 부른다.
원자 속에 전자는 끊임없이 움직이니 정도 차이뿐 전자파 발생은 필연이다. 모든 가전제품의 전자파는 인체에 끼치는 간섭현상의 유해성 때문에 KC인증을 통해 소비자의 불안감을 다소나마 덜어주기까지 한다.

　AS시스템이 미비하던 시절에 갑자기 생긴 고장쯤은 제품을 잘 알지 못하더라도 일단 뒷면을 열고 들여다봤다. 그러나 요즘은 가전제품마다 경고 메시지가 강력하다. 흔한 TV 뒷면에도 고압전류에 감전 위험이 있으므로 전문가 외에는 절대 분해하지 말라는 문구가 적혀 있다.

즉 전원을 차단했어도 부품에 서린 전류는 인체에 대단히 위험하기 때문이다.

부처님께서는 당시의 과학적 개념으로 이를 업식(業識) 또는 업력(業力)이라고 하셨다. 활발한 모든 행위는 어떤 것이든 강력한 전자기장을 형성한다.

인간 역시 숨이 끊겨도 생전의 업력(業力)은 전원이 차단된 TV처럼 전기적 성질로 존재한다. 영혼이라고 부르는 이것은 녹이거나 태울 수 있는 형질이 아니지만, 관성처럼 존재한다는 것이 윤회설의 근간이다.

생전에 지은 모든 행위가 조작도 가능하지 않고, 녹이거나 태워서 소멸시킬 수도 없는 것이라면, 윤회를 끊는다거나 멈춘다는 생각은 아예 잘못된 것이다.

그런데도 부처님께서는 분명 '난 생사윤회를 끊었다!'라고 선언하셨다. 그것을 해탈 적멸 열반이라고 하셨는데 그것은 과연 어떠한 것인가!

없는 중생이지만, 부처님은 중생이 스스로 지은 업력으로 윤회한다고도 가르치셨다. 그것이 12연기설(緣起說)이다. 무명(無明)을 연(緣)하여 행(行)이 있고, 행을 연하여 식(識)이 있다는 얘기는, 이미 거론했듯이 행(行) 즉 움직임은, 같은 의미이긴 하지만 마찰전기이든 정전기이든 전기적 성질을 동반한다.
이것을 가리켜 식(識)이라 하고, 여기에 의지가 실리면 구체화되어 명색(名色)인 업식이 된다.

 마른하늘에서 번개를 본 적이 있을 것이다. 행과 식이 이와 같다.
대류의 불안정으로 기류가 요동치면, 구름 입자들이 서로 부딪치며 다량의 전기를 발생시켜 번개가 만들어지게 된다.
평생토록 의식을 수반한 행은 웬만해서는 부수기 힘든 에너지장을 형성하여, 사후에도 다시 생사를 넘나들게 한다. 이렇게 명색의 세계에서 중중무진(重重無盡)으로 얽키고설킨 것이 업력이다.

 부처님은 세상을 특이하게 관찰하셨다. 모든 중생은 세상이 있으므로 그곳에 의지해서 기거한다고 하지만, 부처님께서는 실체 없는 세상을 중생이 각자 만들고서 있다고 여긴다고 말씀하셨다.
그러므로 세계는 중생 숫자와 같을 수밖에 없다는 것이다. 바로 앞서 말한 중중무진으로 얽힌 업력이 만들어낸 허상이란 뜻이다.

경험론에서

일찍이 탈레스도 지동설을 주장했으나, 태양과 별 즉 하늘이 지구를 중심으로 돈다는 천동설은 불과 수 세기 전까지 인류사 대부분을 지배하였다. 경험론이 우세하여 생긴 오류이지만 경험론적 관점으로 보는 세상은 이해하기 훨씬 쉬운 면도 있다.

노자의 사상을 기반으로 한 도교철학은 수행의 목적을 육신과 정신을 잘 보전해서 불로장생(不老長生)하는 신선에 둔다.
인간은 수명이 다하면 정신과 육체가 혼백(魂魄)으로 나뉘면서, 정신은 혼(魂)이 되어 구천을 떠돌고 육신이 땅속에 묻힐 때 백(魄)은 땅에 서려 사라진다고 믿었기 때문이다.

옛사람에게는 육신을 떠난 혼백이 친지와 후손 앞에 나타나는 일은 예사였다. 특히 음습(陰濕)한 날이면 더 잘 그랬다.

음(陰)은 어둡다는 말이니 빛 성질의 영혼이 드러내기 알맞고, 습(濕)한 기운은 전기에너지가 서리기에 적합한 조건이니, 그런 날 잘 나타나는 조상 영혼 이야기가 아무리 민간 전래의 속설이라 해도 전혀 근거가 없는 것은 아닌 셈이다.

사후 세계를 경험했다는 수많은 이야기도 각자의 기억 연장선상의 내용에 불과하다. 심지어 종교적 체험이라 할지라도 자신의 종교관이 투영된 것일 뿐 일반적인 상황이 전혀 아니기에 더욱 그러하다.

그러므로 사후에 자기의 조상과 친지 등을 만났어도, 생전에 본 적 없는 먼 조상은 이야기에 끼지도 못한다.

자손들은 친탁(親託) 외탁(外託)으로 어느 쪽 DNA를 물려받았는지 설왕설래하지만, 내리사랑이라고 그 조상이 후손 주위를 못 떠나고 맴돌다 다시 그 집안 대를 이어가는 것이니 집착이 이처럼 무서운 것이다.

그러므로 불자는 부처님 혹은 관세음보살님 등을 친견할 것이고, 타종교인은 그들이 섬기는 신을 만날 것이 분명하다. 동양인이 죽어서 서양인 무리에 섞일 일은 거의 없을 것이고, 서양인도 마찬가지다. 이를 보아도 부처님께서 중생 각자가 스스로 만든 세계에 갇혀 윤회한다고 하신 까닭이 선명하게 드러난다.

죽은 자식이 그리워

어린 새댁이 찾아왔다.

사연인즉, 자신은 기독교가 모태신앙이라고 먼저 말문을 열었다. 얼마 전 첫아이가 갑자기 죽었다고 했다. 어린 새댁은 가슴이 찢어지는 고통에 몸부림치다가, 홀연히 들려오는 사찰의 대종 소리에 정신이 번쩍 들었단다.

기독교에서는 죽으면 천당 아니면 지옥을 간다니 그렇게 보낼 수는 없다는 것이다.

다시 그 아이를 품에 안고 싶은데, 불교에서는 사람은 죽어서 다시 윤회를 한다고 하니, 부처님께 빌어서 떠난 아이가 다시 자기에게 돌아오기를 기원하겠다는 얘기였다.

즉 윤회 때문에 찾아온 것이다.

어른들은 자식이 속을 썩이면 '이 웬수야!' 하며 나무라신다. 인연이 꼭 좋은 인연만 있는 것은 아니다. 그래서 가장 통쾌한 복수는 그 집 자식으로 태어나 죽어주는 것이란 말이 있다.

왜냐하면 자식이 죽으면 가슴에 묻는다니 부모의 애통함은 단장(斷腸)의 고통이기 때문이다. 여하튼 새댁의 그런 갸륵한 마음을 아기 영가(靈駕)가 감응하여, 아직 풀지 못한 원결이 있더라도 다 삭혀버리고 좋은 인연으로 다시 만날 수 있기를 축원해줬다.

그 아기는 업력이 생길 겨를이 없이 죽었으니 한결 윤회에서 자유로울 수 있을까?

전혀 그렇지 않다. 강력한 의지가 동하여 스스로 찾아 들어갈 정도였기 때문이다. 목적이 오직 통쾌한 복수였으니 오차 없이 실행했을 뿐이다. 그러므로 오히려 자아의식이 더 강하면 강했지, 아기는 지은 업이 없어서 순수하다고 말해서는 절대 안 된다. 인과의 엄격함을 전혀 모르고 하는 이야기다.

우연이라는 말도 있지만 필연이 진리이다. 21세기는 과학이 상식인 세상이란 것을 이해해야 부처님 말씀이 가슴에 와닿는다. 인과는 과학이란 것을 명심하자.

원결이 아니더라도 불제자는 윤회의 엄중함을 깊이 인식해야 한다. 또 그래야 생사해탈의 의지도 동하는 법이다.

버섯으로 태어나서

스님들은 교과과정 중에 치문이라는 책을 배우게 된다. 거기에서 버섯으로 태어나 시주의 은혜를 갚는 스님 이야기가 나온다. 집주인은 나무로 둘러친 담장에서 자라나는 희귀한 버섯을 때마다 맛있게 먹을 수 있었는데, 다른 사람 눈에는 전혀 안 보였다는 내용이다.

초학시절부터 이런 이야기에 공감한 스님들은 평생을 두고 시주에 가까이 가려 하지 않는다. 아무리 첩첩산중 빈한한 곳이라도 신도가 오는 기색이 있으면 슬그머니 숨고 마는 스님들은 대체로 이런 까닭에서이다.

조선 숙종임금이 숭례문 근처에서 청룡이 승천하는 꿈을 꾸었다.

기이하게 여겨 내관을 보냈더니 한 승려가 숭례문 앞에서 쉬고 있었다. 숙종은 꿈에 나타난 스님과의 인연이 예사롭지 않다고 여겨 태자를 바라는 마음에 기도를 부탁했다. 그러나 숙종의 사주에는 자식이 없고, 세자가 될 만한 인물도 없었다. 스님은 도반스님에게 세자로 태어나기를 권유하니, 무수리였던 숙빈 최씨에게 현몽하여, 세자로 환생하게 된다. 이 분이 영조대왕이다.

　이 말을 듣던 스님이 혼잣말처럼 중얼거렸다. '시은(施恩)이 두터우면 영조 꼴 나는데'
그러므로 수행자는 불사선 불사악 (不思善 不思惡) 선도 악도 생각지 말아야 한다는 말을 가슴에 품고 산다.

　구산 큰스님의 '목숨은 호흡지간(呼吸之間)이다.'라는 법문을 새겨들은 이후, 촌각일지라도 노후 걱정을 해본 적이 없다. 그런 이를 보면 어떻게 그때까지 살 수 있을 거라고 생각하는 지도 이해불가다.

　어느 노스님이 행방불명이 되셨다. 수십 대중이 며칠간을 온 산을 뒤져도 흔적조차 찾을 수 없었다. 나중에는 스님들 사이에 육신승천하셨다는 얘기까지 나올 즈음에, 등산로를 한참 벗어난 외진 곳에서 입멸하신 스님의 법구가 발견되었다.
평생 수행 정진하신 스님들의 마지막 가시는 모습이 대개 그렇다. 요즘도 유사한 스님들의 사례를 가끔 전해 듣는다.

대중을 떠나 산그늘에 비닐을 칠 때, 내심 마지막 자리가 되길 바랐다. 시절 인연이 허락지 않아 은사스님 곁으로 와서 다시 암자에 기거하지만, 뉴스를 통해 전국에 빈집 천지라는 소리를 들을 때마다 입가에 번지는 웃음을 감출 수 없다. 그런데 고독사를 염려해서 노인은 사절이란다.

태백능선을 넘어 다니다 보면 동쪽 바다로 수십 리씩 기세 좋게 뻗은 산줄기를 보게 된다. 아마도 그 안에는 인적이 전혀 없지 싶다. 그런 외지고 깊은 곳에서 염주나무를 보면 옛날 어느 스님이 소문 없이 가신 자리로 알면 된다는 노스님들의 말씀이 있다. 지니셨던 염주알이 땅속에서 싹을 틔운 탓이다.

늘 하는 소리지만, 설마 내가 돈이 없어서 못 죽겠냐는 말이다. 혹시 짐승과 벌레에게 보시를 하더라도, 백골이 어떤 흔적을 남겨서 약초꾼에게라도 발견되면, 공무 처리할 사람들에게 건네줄 수고비 정도 비닐팩에 넣고 갈 형편만 되면 민폐가 덜 될 것이다.

식자우환

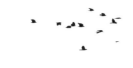

업식이 각기 보고 느끼고 경험하는 이름과 형태를 구체적으로 받아들이면서, 필요성에 의해 취사선택하여 애착하므로 강력한 자아의식이 형성되는 까닭에, 그 업력으로 연속적인 생사를 반복하면서 노사우비고뇌(老死憂悲苦惱)에 시달린다는 것이 12연기설의 핵심이다.

12연기 중에서 주목할 것은 단연 행(行)이다.

겨울에 지나가던 택시를 탈 때는 말할 것도 없고, 밤새 주차된 차의 손잡이를 잡을 때도 끔찍한 경험을 하게 된다. 왜냐하면 비록 주차된 차더라도 밤새 움직인 공기는 차체에 정전기를 유발시켜 놨기 때문이다. 이처럼 움직임 즉 행은 식을 반드시 동반하게 마련이다. 이때의 식(識)만 해도 존재감이 거의 없다.

이 식이 무한대의 공간과 무차별적인 교류가 이뤄지면, 따끔하고 사라지는 정전기 수준이 아닌 자신만의 고유 세력을 확보하게 된다. 이것이 바로 업력이다.

식(識)을 연(緣)하여 명색(名色)이 있다는 것은, 식이 주위와 관계를 구체적으로 맺기 시작하며 나타나는 방식이다. 첫째는 필요성에 따라 각기 다른 이름으로 분별하며 친소를 나눈다.
그리고는 내 욕망과 이익에 부합되면 더 강한 집착을 하게 되고, 끌어안으려는 의지가 맹렬히 용솟음치기 마련이다. 그런 행위와 습관이 결국 생존의 명분이 되면, 육신이 무너져도 업식의 축적으로 형성된 업력은 또 다른 생을 갈망하여, 마치 시위를 떠난 화살이 관성으로 날듯이 생전의 강력한 업력의 에너지는 다음 생으로 향하니, 윤회의 방식이 이러하다.

아주 쉽게 비유로써 설명하면 이럴 것이다.

행(行) 즉 움직임은 '전기' 즉 불교적 개념인 식(識)을 발생한다. 행(行)은 비유하면 곧 발전기요, 식(識)은 발전기에서 일으킨 전기에 해당한다.

이 식(識)은 삼라만상인 명색(名色)을 창조하는 데 관여한다. 그러므로 불교입장에서는 각자가 창조주인 셈이다. 다른 행성으로

102

날아갈 수 있는 수단까지 어느 것 하나, 전기에너지에 의지하지 않고 만들어지는 것은 아무것도 없는 것과 같은 이치다.

삼라만상이 다 그렇다. 설령 재주가 없어서 작은 것도 스스로 만든 것이 없다고 하더라도, 일체가 존재한다고 여겨서 무엇인지 깊이 인식하며 평생 축적한 방대한 지식의 에너지 위력은, 쉽게 부수거나 없애지 못할 만큼 강력하다.
사과처럼 사소한 것도 남이 생각하는 사과와 내가 만든 사과가 서로 다르니, 이처럼 각자가 만든 무수한 세계는 서로서로 얼키고 설켜, 함께 끊임없이 윤회의 수레바퀴에서 맴돌며 벗어나지 못하는 것이다.

이렇게 명색(名色)을 기반으로 한 왕성한 활동은 엄청난 세상을 창조하고 있다.
이와 같이 내가 창조하고 만든 광대한 세계를 어찌 부정할 수 있겠는가? 대단히 어려운 일이다. 그런 연유로 그 속에서 기꺼이 윤회하는 것이 중생의 속성이다.

즉 식자우환(識者憂患)이니, 부단히 선정을 익히고 수행을 통해서 상쇄해야 한다는 것이, 부처님 가르침의 요지란 점을 명심하자.

종교와 신앙이길 거부한다.

서산대사는 사명을 비롯하여 승군에게 무기를 들게 하여 전장을 누볐다. 그 행위는 미물도 불성(佛性)을 지녔다고 보는 입장에서는, 어떤 명분을 내세우던 부처의 신체를 훼손하고 부처의 명을 빼앗는 패악질이었을 뿐이다. 그런데 동서고금에 이런 일들은 비일비재다. 성전(聖戰)으로 기록되고 성인(聖人)으로 추앙하기까지 한다. 그러므로 옳고 그름을 거론한다는 자체가 모순이다.

코로나19 팬더믹으로 그 최일선에서 온갖 고초를 겪는 가녀린 간호사들의 노고는 성스럽기 그지없다. 화마의 위협에 맞서 국민을 지키는 소방관의 노고도 다를 바가 없으며, 정상적 생활이 불가능하지만 나라와 국민을 지킨다는 사명감에 자기희생을 각오한 군인들이야말로 대표적인 성직(聖職)이다.

그러나 불의의 사고에 대비하여 보험상품을 판매하는 이들을 성직자라고 하지 않는다. 그들은 실제로 불행이 닥치면 로또만큼이나 큰 보상을 안겨주는데도 말이다.

모든 종교와 신앙은 윤리와 도덕을 앞세워 참회와 회개, 보시와 적선과 헌금을 강요한다. 그래야 금생에 행복이, 내생에 천국과 영생을 보장받는다고 가르친다. 고상하게 표현하면 영적 보험이라는 뜻이다. 그러므로 20년 전 쓴 책에서 '스님들은 불교 성직자(聖職者)인양 해서는 안 된다. 수행자만 용납되는 데가 불교'라고 했다. 그러한 까닭에서도 윤리와 도덕을 거론하려고 쓰는 글이 전혀 아니다.

부처님은 새로운 종교와 신앙을 만들려고 가르침을 펴신 분이 결코 아니다. 자신의 가르침이 종교와 신앙으로 불리길 원하지도 않으셨다. 기존의 다양한 종교 교리에 결코 동의할 수 없었기 때문이다. 행여 기복적 신앙체계의 현세(現世) 구복(求福)과 내세(來世)의 영생 따위에 관심 둔 사람에게는 불교가 이해될 리가 없다.

그래도 자세히 살펴보면 불교에는 참 좋은 수행법이 많다. 하지만 한결같이 어렵게 느껴지는 것도 현실이다. 불교가 비로소 이해되는 때는 신달타가 왕궁을 등지고 수행자의 길로 들어설 수밖에 없던 까닭에 공감하고 나서부터다. 라디오나 TV도 주파수를 제대로 맞춰야 원하는 방송을 듣고 볼 수 있듯이, 싣달타의 간절한 출가 동기에 공감하지 못하면 부처님의 행적이 모두 의문투성이일 수밖에 없는 것은 매우 당연하다.

싣달타가 왕궁을 나와 탁발 중에 마가다국 빔비사라 왕을 만나게 된다. 왕은 싣달타의 기품에 느끼는 바가 있어 자신의 나라를 함께 다스리자는 등의 제안을 했다.
싣달타는 '왕이시여, 누구든 자기가 토한 것을 다시 먹는 사람은 없을 것입니다. 저는 해탈의 도를 구하려고 이 길에 들어섰을 뿐, 이미 오욕락은 제가 추구하는 바가 아닙니다.' 라고 답하였다.

생사고(生死苦)를 넘어서는 해탈은 권력이나 명예, 재물 등 세간의 온갖 능력을 동원해도 성취되는 것이 아니며, 세속적 가치관을 훨씬 초월한 것이기 때문이다.

싣달타는 출가하자마자 세 분의 스승을 차례로 탐방하며 한결같이 생로병사(生老病死)의 뿌리를 끊는 법을 물었다고 한다.
그러나 당대에 수많은 제자를 거느린 이름난 스승이었던 그들이었으나, 그 가르침에 절망하여 홀연히 6년 고행의 길을 택하였다.

기왓장을 왜 가냐고?

수행법도 방법론이 반드시 필요하다. 아주 적절한 예가 있어 소개
한다.

남악 회양(南嶽 懷讓)과 그의 제자 마조 도일(馬祖 道一)의 이야기
이다. 회향선사는 마조의 근기와 남다른 정진력을 기특히 여기다가
어느 날 물으셨다.

'수좌는 좌선을 하여 무엇을 얻고자 하는고?'

'오직 부처가 되고자 합니다.'

선사께선 기왓장 하나를 가져다가 마조 앞에서 북북 갈아댔다.

궁금해진 마조가, '스님! 기왓장은 갈아 무엇에 쓰시려는지요?'

'아! 이거? 거울 만들려고 그러지.'

마조는 기가 막혀 '아이구 스님! 기왓장을 간다고 거울이 됩니까?' 하니,

'기왓장을 갈아서 거울을 만들지 못하는 줄은 알면서, 어찌 부처는 앉아있는 것으로 될 수 있다고 여기는가?'

여기서 마조는 자신의 공부처를 알아차렸다. 거울이 어떤 것인 줄 분명히 알 듯 부처가 뭔지 아는 것이 우선이 아니겠냐는 일침이었으니 말이다.

문답이 몇 차례 더 이어지지만, 이 일화에서 마조스님이 일대사(一大事)를 끝마쳤다고 하는 이가 즐비하나, 그 어디에도 선가(禪家)의 확철대오(廓撤大悟)와는 티끌만큼도 관련이 없다.

그렇더라도 마조는 이때 남악스님에게 진심으로 귀의하고 지극정성으로 삼 년을 섬기며 정진하였다.

부처가 뭔지! 아니 싯달타가 왜 출가를 했는지를 이해했다면, 무턱대고 앉아있는 것으로 업을 삼지는 않을 거라는 일침에, 마조는 자신이 가야할 길을 환히 봤기 때문이다.

앞의 괜한 장광설은 바로 지금 이것 때문이다. 다시 하나 더!

화두를 참구하는 스님에게 전해오는 말이 있다. 바로 대도무문(大道無門)이란 글귀이다. 불교수행인이라면 반드시 무(無)자의 관문을 뚫는 것이 급선무라는 뜻이 담겨있다.

제자가 조주선사께 '개도 불성이 있습니까?' 하고 여쭈니 '있다.'고 답하셨다. 다른 제자가 똑같이 물었을 때는 '없다.(無)'고 하신 답에, 왜 무(無)라고 하셨는지가 수많은 수행자를 곤경에 빠뜨리게 하였다.

부처님도 삼라만상(森羅萬象) 두두물물(頭頭物物) 준동함령(蠢動含靈) 개유불성(皆有佛性)이라 하셨으니, 개라고 불성(佛性)이 없을 까닭이 있겠는가! 그러니 있다는 것은 정답이다.

그런데 조주선사는 돌연 없다고 하셨다. 무슨 연고가 있는 걸까!

남악선사와 조주선사의 가르침은 한 치도 다르지 않다.
수행하는 목적이 명확하다면 어설픈 짓거리로 공부를 삼지도 않을 것이며, 불성이 뭔지를 안다면 개에게 불성이 있니 없니 묻고 다니는 철없는 짓도 않을 것이기 때문이다.

부처가 되고자 한다면 부처가 무엇인지 아는 것이 우선이요,
불성을 깨닫는 것이 목적이라면 불성을 파악하는 일이 급선무라는 이야기이다.

간화선에 웬 문자질

간화선을 학문으로 이해하고 파악하면서, 그러면 안 된다고 하는 이들이 제법 많다. 도대체 이 말도 안 되는 모순을 알기나 하는지 궁금하다. 또한 간화선에 관한 엄청난 서적과 인터넷에 떠도는 수많은 글들이 과연 수행자의 지침이 될만한가에 의구심을 떨칠 수 없다.

일례로, 구자무불성(狗子無佛性) 무(無)자 화두(話頭)를 드는데, 왜 또 몽산화상(蒙山和尙)의 무자십절목(無字十節目)을 반드시 알아야 하고, 어째서 외우기까지 해야 한다는 건지, 아무리 이해하려 애써봐도 도무지 납득하기 어렵다.

불교에서 수행의 목적은 깨달음에 둔다.

그러므로 어떤 수행법이든 그 목적은 반드시 깨달음에 있다는 점에는 이견이 없을 것이다.

간화선(看話禪)이 어느 땐가 불문(佛門) 중에 홀연히 등장한 까닭도, 그 시절 문화적 배경과 시대의 요구에 부응하여, 오직 석가모니의 심중(心中)을 꿰뚫는 안목(眼目)을 갈구하는 이들을 위하여 시의적절(時宜適切)하게 설해진 방편이었을 뿐이다.
즉 팔만장경의 늪에서 허덕이는 고지식한 자와 여력도 없는 무지(無知)한 뭇 선남자(善男子) 선녀인(善女人)에게 지극히 간단명료(簡單明瞭)한 수행법으로 제시한 것이 간화선(看話禪)이다.

일반 상식조차도 타자로부터 얻어듣고 아는 것과 스스로 깨우친 것은 차원이 엄연히 다르다. 잘 알지 못하는 것을 알고 있다고 여기는 착각과 무지의 오류는, 싣달타에게도 6년이라는 혹독한 고행의 과정을 요구했듯이, 보배를 손에 쥐고도 쥔 줄 모르는 수행자가 이를 새삼 깨닫는 일이 결코 수월할 리 없기 때문이다.

이러한 이치를 모르므로 대 소승을 나누고 수행에도 차별을 두고 싶어 온갖 이론을 만들어 붙인 흔적이 이처럼 방대하다. 그런 까닭에 화두 하나에 십절목(十節目)씩 천칠백 공안을 모두 그리 만들어도 성이 차지 않을 위인들에게 부탁컨데, 제발 그대 화두 하나나 잘 챙기시기를 당부한다.

사성제(四聖諦)의 고(苦)조차도 거론하기 싫어하는 이유가 있다. 이마저도 깨달음 이후에야 참된 의미를 알 수 있는 것이기 때문이다. 사성제(四聖諦)는 싣달타가 깨닫고 나서 즉 부처님이 되신 후의 설법이다.

그런데 주제넘게 모두가 한결같이 고(苦)에 대해 너무 잘 안다고 여기고 있다. 이런 착각이 수행에 더할 나위 없는 장애요, 병통이다.

이런 모순을 볼 수 있다면 화두는 팔만사천 가지이다. 그러나 요즘 불문(佛門) 중에서도 쥐뿔나게 유행하는 명상 얘기가 아니라면, 깨달음을 위한 간화선에서의 화두란, 불성(佛性)이 뭔지 부처가 뭔지 즉 여하시불(如何是佛)이 근본이기에, 벌리면 팔만사천 가지이지만 깨닫고 보면 오직 여하시불(如何是佛) 하나로 귀합(歸合)된다.

공부란 것이 그렇다. 고(苦)를 알았다면 싣달타와 다를 수가 없다. 모르니까 딴짓에 정신 파는 것이다.

고(苦)에 사무쳤다면 싣다타는 왜 출가할 수밖에 없었는가에 대해서도 공감하게 된다. 고(苦)와 락(樂)은 동전의 양면과 같다.

고(苦)를 봤다면 삼법인(三法印)의 일체개고(一切皆苦)가 즉시에 열반적정(涅槃寂靜)으로 대치되고 만다.

거듭 강조하지만, 진정한 수행자라면 결코 삼법인과 사성제조차

도 섣불리 아는 체해서는 안 된다. 오히려 성스러운 무지(無知)가 수행자에게는 엄청난 자량(資糧)임을 알고 정진해야 옳다.

　모든 것을 포기하더라도 공부만큼은 포기하지 않는 것이 수행자의 바른 자세요, 공부는 지레 포기하고 부질없는 일에 치열하면서 불법을 논한다면 과연 스스로에게도 떳떳하지 못할 것이다.

깨어있음

 내가 출가했을 당시만 해도 어른 스님들의 말씀을 들어보면 겨우 절집 경제가 숨통이 트이던 때라고 하신다. 지금에 비교하면 호랑이 담배 피울 적 이야기지만, 해인사 선방과 강원의 200분 가까운 스님들이 옥수수식빵 몇십 덩어리에 파안대소하시던 시절이었다.

 얼마간 시간이 더 흐르면서 사정이 훨씬 나아진 탓인지 젊은 스님들이 인도, 스리랑카, 미얀마, 태국 등지로 유학을 떠난다는 얘기를 들을 수 있었다. 그렇게 나름 견문을 넓히고 돌아온 스님들은 근본 혹은 초기불교라는 주제로 여러 형태의 보고 익힌 결과물을 쏟아냈다.
아마도 대표적이랄 수 있을 유행어는 '깨어있음'과 '마음챙김'이라는, 간화선의 화두만큼이나 난해한 생뚱맞은 단어일 것이다.

어느 땐가부터 도시 사찰의 신도들이 산중 선방 주변 오솔길에서 포행선을 하는 걸 자주 볼 수 있었다.

발걸음을 옮길 때마다 걸음걸음의 움직임을 면밀히 관찰하는데, 발을 들 때는 발을 든 줄 알고 내딛을 때는 내딛는 줄, 발바닥이 땅에 닿을 때는 발바닥이 닿는 줄 정확히 아는 것이 수행의 핵심이란다.

밥 먹을 때도 마찬가지로 수저가 밥을 뜬 줄 알고, 팔을 움직여 내 입으로 향한 줄 알아야 하고, 입을 벌린 줄, 밥이 입에 들어온 줄, 턱을 움직여 밥을 씹는 줄 알면서 집중하는 것을 수행으로 여긴다니, 그 진지한 모습은 사뭇 경건하기 그지없다.

시간이 더 흘러, 유학에서 돌아온 스님들과 선방에서 조우할 수 있었다. 그 스님들은 무상(無常) 고(苦) 무아(無我) 순으로 초기경전에서 살펴볼 수 있을 뿐, 우리에게 익숙한 삼법인이라는 단어는 아예 존재하지도 않더란다.

그러나 부처님 말씀의 진위 여부를 가리는 잣대로서의 위치는 확고(確固)하다고 했다. 그런 줄은 알았다니 다행이다.

'깨어있음'과 '마음챙김'이 무어냐는 질문을 자주 받는다.

불제자라면 '깨어있음'은 항상 삼법인(三法印)으로 세상사 모든 일을 바라보는 기준으로 삼고, '마음챙김'이란 사성제(四聖諦)를 수행법의 좌표로 여길 뿐만 아니라 제1의 생활신조가 되어야 한다는 말이다.

　말도 안 통하는 타국에서 익힌 것이니 그러려니 하지만, 불교의 진의는 당최 모르니 남악선사와 조주선사께서 눈을 부라리지 않으실 까닭이 없다.

만고불변

 행자 시절 처음으로 성주괴공(成住壞空)과 생노병사(生老病死)가 불교 최고의 진리인 삼법인의 핵심 내용이라는 것을 듣고, 진리가 이처럼 보잘것없는 것에 불과한 것인가? 하는 생각에 심히 혼란의 시간을 보내야 했다.
서너 살짜리 아이도 달콤한 아이스크림과 초콜릿을 아무리 애지중지하더라도 녹아 없어지는 줄 아는 그런 이치인데, 이처럼 하찮은 것을 진리라고 숭상한다니 정신 나간 소리로밖에 들리지 않았기 때문이다.

 오랜 각고(刻苦)의 시간이 지난 후에야 삼법인(三法印) 말고 다른 무엇도 만고불변(萬古不變)의 진리일 수 없다는 결론에 도달할 수 있었다. 그로부터 불교의 진수(眞髓)는 바로 삼법인(三法印)이라는 확신은 단연 확고부동하다.

　세상에 그 어떤 것도 성주괴공(成住壞空) 즉 생성(生成)과 소멸
(消滅)의 법칙을 벗어나 존재하지 못한다는 것이 제행무상(諸行無
常)이다. 영원한 것이 있다면 변함없는 존재로 인정하겠으나, 끊임
없이 변화하는 것에는 본체(本體)로 여길 만한 특질이 없으므로
제법무아(諸法無我) 역시 진리이다.

　그러므로 중생이 영원히 존재하는 거라면 있다 해야 마땅하나,
이마저도 제행무상 제법무아에서 자유롭지 못하므로 본디 없는 거
라고 부처님은 강조하셨다. 일대사(一大事) 인연고(因緣故)로 출현
(出現)하셨다는 부처님에게는, 바로 이 가르침이 부처님의 일대사
(一大事)였던 셈이다.

　이를 인정하지 못했을 때는 세상만사 일체가 고통이나 (一切皆苦),
제행무상이므로 제법무아이듯, 제법무아(諸法無我) 즉 내가 없는데
윤회하는 무엇이 있을 거라 걱정하며 고통의 나락에서 헤매는지,
문득 그 어리석음에 몸서리를 치며 탈출하고 보니 그 자리가 열반
적정(涅槃寂靜)의 경지인 줄 아는 것이 수행의 무량공덕이다.

현대판 화엄경

애당초 부처 불(佛)자도 모르고 시작한 승려생활이니 심적 고초가 이만저만이 아니었다. 행자 시절에 배우는 승려 생활의 규범과 마음가짐을 담은 초발심자경문과 염불은 모두 달달 외웠으나, 수계 후에 접하기 시작한 글들은 도저히 이해불가였기 때문이다.

도리없이 화두 하나로 업을 삼는 선방 생활을 시작했는데 여기도 은산철벽(銀山鐵壁)이기는 마찬가지였다. 전혀 수행이랄 수도 없는 짓을 한참을 하고 나서야, 비록 우리말 경전일망정 소설책 보듯 하룻밤 새 넘겨볼 만했다.

학자가 아니니 엄청난 장경을 열람하는 것은 어림없고, 불교에 관한 궁금증은 인터넷 검색창을 곧잘 이용하여 자료를 모아 살펴보곤 한다. 더구나 지금은 모든 정보가 넘쳐나는 세상이다. 관심 있는 분야라도 어렵사리 관련 서적을 구해 들척이며 혼자 연구하던 시대는 이미 옛적 일이 되었다.

캠벨의 생명과학도 킹사이즈 판에 깨알같이 작은 글자로 천 수백 페이지에 달하니 쉽게 넘길 수 있는 책이 아니지만, K-MOOC처럼 대학강의 사이트에 접속하면 훌륭한 교수진의 강의를 무한정 만날 수 있어서 책장 넘기기가 한결 쉽다. 심지어 물리, 화학, 우주, 인문, 의학에 이르기까지 교재 봐가며 시청하는 재미가 여간 쏠쏠한 게 아니다.

의학 교수의 '인체 기능은 전기적 신호와 연관이 있다.'는 설명은 그렇다 치고, 전기학에서도 같은 설명으로 학생들의 집중을 독려한다. 천체물리학 교수는 '우주는 암흑에너지 73%, 암흑물질 23%, 성간물질 3.6%, 천체 0.4%로 구성되어 있는데, 아직 규명치 못한 마음도 암흑물질이 밝혀지면 마음의 정체도 명확히 드러날 것이라고 생각한다.'며 강의를 마무리했다.

인체에서 방사되는 '오라'라는 빛도 일종의 전기장이라는 관점에서, 영혼이 윤회하며 전이(轉移)하는 형태는 스마트폰의 정보 이동과 다를 바 없다는 생각에 한층 확신을 갖게 한다.

이처럼 삼법인과 사성제에 대입해서 보는 강의는 현대판 화엄경이요, 부처님의 친설(親設)처럼 느껴진다.

어디 강의뿐이겠는가!

변화 무쌍한 세상사도 삼법인과 사성제를 통해 관찰하면 모두 부처님의 장광설이다.

합일이 요가다

30년가량 생식을 한 탓에 어떤 이들은 건강상에 문제였냐며 궁금해한다. 그도 그럴 것이 딱히 병명도 없이 시달린 기간이 제법 길었던 탓에 생긴 오해일 수 있다. 우스갯소리로 공양주 보시 걱정 안 해도 되는 것을 핑계로 삼지만, 전혀 틀린 말도 아니다.
중노릇에 수행마저 어줍지 않아 상좌를 두고 가르칠 생각은 아예 하지 않은 것도 같은 이유에서였다.

그러나 하루 한 끼 생쌀가루와 양배추 손바닥만큼으로 지낸다는 것이, 단 하루라도 삼 시 세 끼 꼬박꼬박 끓여 먹어 본 사람이라면, 얼마나 그것이 수행자에게 유익한 단출한 삶인지 대번에 알아차릴 것이다. 그러므로 오직 최소한의 것으로 살아야겠다는 절박함의 선택이 생식이었을 따름이다.

병마에 시달리는 나 자신의 초라한 모습은 비참하기 그지없었다. 건강에 도움 될 것을 찾다가 궁리 끝에 시작한 것이 요가였다. 참선 요가로 알려진 운동법은 우선 나의 건강을 신속히 되찾아주었고, 서적과 더불어 TV를 통해 8년간 소개되면서 많은 이에게 건강에 관한 바른 이해와 수련을 통해 자신감을 심어주었다고 생각한다.

그러한 연유로 간혹 요가 서적을 뒤적이다가 요가(yoga)의 어원이 '결합(結合)한다.'라는 의미인 것을 알게 되었고, 부연 설명에는 신 혹은 우주와의 합일(合一)이고도 쓰여 있었다.

세속의 모든 꿈을 접고 이 길에 들어서서, 오랜 세월 토굴과 선방을 화두 하나에 의지하여 전전했다. 수행 말고 다른 것들은 모두 남의 일처럼 여겼다. 불교신문은 커녕 불교TV와 방송도 거의 본 바 없으니 절집 소식도 불통이요, 애초에 관심 두지 않고 살았다. 그러므로 외전(外典)에 관심을 둘 여력도 거의 없었다.

요가란 것도 본디 명상과 결부되는 수행법으로 자타가 인정하는 바이지만, 간화선(看話禪) 수행자인양하다 보니 동작의 형태 정도 참고하는 수준으로 책장을 들춰보았을 뿐이다. 그러던 중에 요가의 의미인 '결합(結合)·합일(合一)'이라는 단어가 전혀 새롭게 느껴진 날이 있었다.

한강물이

색즉시공(色卽是空) 공즉시색(空卽是色)은 진리 영역의 순환논리이다. 색이라는 공에서 공이라는 색으로의 끊임없는 변환은, 무한정 반복되는 윤회의 다른 방식의 설명으로 받아들일 여지도 엄연히 존재한다. 그러므로 행이 있으면 업이 따르는 법인데 어찌 윤회의 단절이 가능하냐고 되묻는 무리가 주변에서 흔한 것 또한 엄연한 사실이다.

앞서 약관의 스님이 들려주었던 '함이 없는 함' 즉 무위행(無爲行)이란 개념도, 중국불교가 노장(老莊)의 사상에서 어휘만 차용하여 만든 것이다. 일견 타당해 보이기도 하는 '죽는 순간까지 짓는 행업(行業)이 어떻게 없어질 수 있겠느냐'에 대해 고심 끝에 생각해 낸 대안이다.

즉 깨달은 이도 죽기 전까지 옮기는 발걸음에 땅 위의 무수한 미물이 희생될 텐데 이건 어쩌냐는 얘기인데, 의도적 행위는 업이 되지만, 의도가 개입되지 않은 행위는 업으로 쌓이지 않는다는 논리로 만든 교리적 해석이다.

하지만 만약에 이런 경우라면 어떨까?
한강물, 섬진강, 낙동강물이 다 제각각이다. 이 물이 흘러 대해(大海)에 합류해서 섞여버렸다. 누가 대해에서 단 한 컵일망정 한강물, 섬진강물, 낙동강물을 가려낼 수 있을까?
바닷물과 완전히 합일한 까닭에 전혀 가능치 않은 일이 되어버린다. 그러나 병에 담긴 채 바다까지 떠밀려온 강물이라면 얘기가 달라진다. 병이 깨지지 않는 한 언제고 한강물, 섬진강물, 낙동강물일 수밖에 없을 것이다.

여기서 각 강의 물은 생시(生時)에, 바다에 이른 물은 사후(死後)로, 또 병에 담겨 대해에 섞이지 않은 물은 아집(我執) 탓에 치성한 업력 때문에, 죽고도 죽은 줄 모르고 떠도는 것으로 이해하면, 합일의 의미와 열반이 전혀 별개의 것이 아님을 짐작할 만하다.

환지본처(還至本處)란 말도 있다. 본래의 자리로 돌아간다는 말이다. 서산대사께서는 '삶이란 한 조각 구름이 일어남이요(生也一片浮雲起), 죽음도 한 조각 구름이 사라짐이네(死也一片浮雲滅).

뜬구름은 본래 실체가 없으니(浮雲自體本無實), 살고 죽고 오고 가는 것이 모두 이와 같구나!(生死去來亦如時)' 라는 열반송(涅槃頌)으로, 윤회와 열반의 상관관계에 대해 수많은 너저분한 해설을 근절하셨다.

아라한

보리수 아래에서 정각(正覺)하신 부처님께서 자신의 깨달음에 공감할 수 있는 이를 찾다가, 왕궁을 나와 곧바로 찾아가서 가르침을 청했던 세 분의 수행자 스승을 가장 먼저 떠올렸다. 헤어진 지 6년이 흐른 탓에 그들은 이미 이 세상 사람들이 아니었다.

다음으로 생각해 낸 이들이 6년을 함께 고행했던 다섯 비구이다. 천 리나 멀리 떨어진 그들의 거처로 몸소 찾아가서 몇 날 며칠을 두고 격렬한 토론 끝에, 다섯 비구는 구경각을 증득하였고 부처님께 제자의 예로 귀의하였다.

그때 부처님께서는 '이제 세상에는 비로소 나와 너희를 포함한 여섯 아라한이 있게 되었다.'라는 말씀으로 그들을 기꺼이 받아들이신다.

한 번은 부처님과 함께 길은 나선 제자들이 공동묘지를 지나며 풍장(風葬)한 해골들의 업식이 어디로 갔는지 알아맞히는 내기를 벌였다. 그러던 중에 한 해골의 다음 출생처가 어디인지 누구도 알지 못해 부처님께 여쭙게 된다.

부처님께서는 '그 해골의 임자는 아라한이므로 다시는 어디에도 태어나지 않는다.'라고 하신 기록이 경전에 있다. 이처럼 아라한의 경지는 생사윤회를 완전히 끊은 것을 말한다.

유학을 마치고 돌아온 스님이 많아지면서 화두선(話頭禪) 일변도의 수행법에 다양함이 추가되었다. 특히 새롭게 부각된 사선팔정(四禪八定)은 싣달타가 6년 고행에 앞서 스승을 찾아 익혔던 내용과 흡사하다.

물론 싣달타는 그 가르침에 만족하지 못하고 고행의 길로 접어들었지만, 깨달음 이후에 제자들의 수행법으로 제시한 것이 바로 사선팔정이 기반인 연유이다.

앞서 밝혔듯이, 삼법인과 사성제(四聖諦)를 충분히 숙지했다고 자부하였다. 그러므로 내가 부처인 줄은 알았으나, 냉정하게 스스로를 돌이켜보면 내생에 윤회를 안 할 확신은 들지 않았다.

늘 미진한 마음으로 지내다가 '티베트의 사자의 서'에서 눈에 확 들어온 글귀가 있었다. '바르도 퇴돌' 즉 '중음에서 가르침을 듣는 것으로 해탈을 얻는 위대한 법'이란 한 줄의 문장이다.

티베트 '사자의 서'의 원제목인데, 개인적으로 희망의 메시지처럼 느껴졌다.

신달타는 정각(正覺)하시고 생사의 고를 끊었노라 선언하셨고, 부처님은 아집(我執)이 윤회를 하게 한다고 되뇌듯 항상 강조하여 말씀하셨다.

아집의 정확한 의미는 나에 대한 집착을 의미한다.

이렇듯 적나라한 가르침에도 불구하고 여전히 석연치 못한 구석이 있다면, 후학으로서 차선책을 강구하려는 시도는 당연한 일이다.

명철하게

　행이 동반한 식이 자타(自他)와 내외(內外)를 이름과 형상으로 구분하기 시작하며, 감각과 의식의 모든 기능을 동원하여 세상과 교류할 때 발생하는 에너지가, 쌓이기를 거듭하면서 강력한 존재 감을 과시하는 형태가 곧 아집이며, 12연기설의 정확한 해석이다.

　그러므로 나가 있다는 생각(我執)이 사라지면, 나라고 여긴 탓에 형성된 세력(業力)이 존재근거를 잃게 되고 흩어져(無我), 더는 나라고 할만한 개체가 존재하지 않게 되는 것을 윤회를 끊었다(涅槃)라고 하는 것이다. 그러므로 열반을 연료 공급이 끊겨서 불이 완전히 꺼진 상태에 비유하기도 한다.

　부처님이 깨달은 바를 처음 드러내시고자 할 때, 자신의 이야기에 공감할 수 있는 이를 기억 속에서 찾으려 하셨다는 점은 시사하는 바가 크다. 스치듯 사제(師弟)의 연을 맺고 가르침을 받았던 세 분의 수행자를 떠올린 까닭은, 그들의 경지라면 붓다가 깨달은 바를 충분히 이해할 수 있다고 여겼기 때문이다.

설사 그들은 이미 세상을 하직했더라도, 가까이에 많은 구도자가 있음에도 굳이 천 리 먼 곳의 오비구를 찾아가서 몇 날을 두고 토론을 거듭하여, 드디어 제자의 예로서 오비구가 귀의한 과정도 평범하지 않다. 깨달음은 상대에 대한 믿음 혹은 굴종이 아니라, 명철한 분별력과 철저한 이해를 바탕으로 증득해야 함을 처음부터 보인 것이기 때문이다.

사선팔정, 구차제정, 칠식주이처는 대장경 안에 다채롭게 실려 있다. 해석 또한 구구하여 웬만한 인내력과 분별력이 아니면 난해하기 짝이 없다. 치열한 정진력의 구도자나 그렇지 못한 수행자를 상대하신 설법은 분명 차원이 다를 것이다. 그렇다고 고차원적이고 고상한 설법이 꼭 깨달음을 촉발하는 것은 아니라는 생각이다. 그럼에도 아비달마 주석본 같은 경우는 완전 백과사전식 나열이니 두 손 두 발 다 들 지경이다.

늘 안타까워하다가 간략히 정리해서 내보인다.

제3장

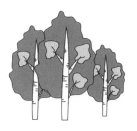

구차제정

■ 삼계 [三界]

중생이 생사(生死) 윤회하는 미망(迷妄)의 세계.
욕계(欲界)·색계(色界)·무색계(無色界)로 나눈다.

욕계는

오관(五官)의 욕망이 존재하는 세계로 지옥·아귀(餓鬼)·축생
(畜生)·아수라(阿修羅)·인간(人間) 등 5가지와 사왕천(四王天)
·도리천·야마천(夜摩天)·도솔천(兜率天)·화락천(化樂天)·
타화자재천(他化自在天) 등 육욕천(六欲天)이 여기에 속한다.

색계는

색계사선 (色界四禪: 初禪·二禪·三禪·四禪)이 행해지는
세계로, 여기에는 물질적인 것(色)은 있어도 감관(感官)의 욕망
을 떠난 청정(淸淨)의 세계이다.

무색계는

물질적인 것도 사라진 순수한 정신만의 세계이다.
무색정 (四無色定: 空無邊處定·識無邊處定·無所有處定·
非想非非想處定)을 닦은 자가 거하는 세계이다.

들어가면서

산속 스님이 저잣거리에 계시는 스님에게 '도회에서 배회하지 말고, 산새와 물소리를 벗하며 마음이나 닦는 것이 어떠하냐.'고 안부삼아 서신을 보냈다.

답장에 '도를 모르고 산에 살면 단지 산만 볼 뿐이요, 도를 알았다면 산속이 아니더라도 산을 그리워하지 않을 것입니다.'라고 했다. 참말로 산속이라도 그렇다.

설거지감 들고 내려가는 개울가 오솔길의 풀잎도 신경 쓰기 시작하면 온 산천의 초목을 정원수처럼 가꾸어도 성에 찰지 말지다.

달리 모신 불상도 없지만, 거처하는 방에 달력 말고는 족자 한 폭 걸어본 적 없고, 몸에 흔한 염주조차 지니지 않았다. 소소한 장식과 기호품에 정신 팔면 순식간에 방안이 온통 잡동사니 천지가 된다.

재가 불자들도 좌복을 둔 방은 창호지 벽지에 향꽂이 하나 바닥에 두고 지낸다. 이런 마음가짐으로 하는 수행에 무슨 난삽한 이론이 필요하겠는가!

거듭, 불교는 선악의 분별과 죄와 벌의 관계 규명 따위조차 고(苦)의 속성에 불과하므로, 수행을 통해 오직 생사고(生死苦)의 속박에서 해탈코자 하는 데 최우선의 목적을 두고 설해진 가르침이라는 점을 강조하고 싶다.

그러므로 선(善)과 악(惡), 죄(罪)와 벌(罰)을 전혀 거론하지 않고도 무한 설법이 가능한 유일한 종교가 불교인 줄 명확히 알았으면 좋겠다.

이 주장에 선뜻 동의할 수 없는 이들을 위해 덧붙이고 싶은 말이 있다. 고승의 논서는 부정하면서 불설(佛說)은 참이라고 여기는 이유에 대한 답이 될 것이다.

첫째는 체험적 수행을 근거로 한다. 다음은 삼법인에서 생사윤회의 단절(斷絕)을 확신했기 때문이다.

그러므로 구차제정(九次第定)과 칠식주이처(七識住二處)는 부처님께서 친히 제자들에게 제시한 수행법으로서, 생사(生死) 윤회의 속박을 해체하려는 의지를, 끈질기게 방해하는 아집을 제거하는 데에, 구구한 설명이 필요하지 않은 가장 간결하고 확실한 방법이기에, 깊이 공감한다면 함께 탁마하고 싶기 때문이다.

아직도 방(棒)과 할(喝)로 무지를 들어내는 자가 있다면 묻겠다. 만약 후학을 위해 한 권의 글을 쓴다면, 몽둥이 그림과 '악'자만 쓰고 말 것인가? 너나없이 무지하던 시절에 그나마 먹혔던 짓이다. 그대의 견처(見處)가 내 보일만 하다면, 알아듣지 못할 걱정은 안 해도 되는 시절이기에 굳이 한마디 던졌다.

퍼포먼스는 광대가 하는 짓거리다. 이런 집단을 사이비라고 규정 짓는 이유의 근거이기도 하다. 부처님도 말법을 예언하셨다. 상주 불멸(常住不滅)을 인정하지 않는 불교가, 내 것만큼은 아니라고 할 수 없기 때문이다. 그렇더라도 이 대명천지(大明天地)에 총명한 불자가 그래서야 되겠는가!

확철대오(廓徹大悟)라는 맹랑함에서 탈피해서 싣달타의 절박함을 자신에게 투영시켜, 명확히 이해하고 진지하게 살펴보면, 설령 부처님처럼 생전에 '나는 깨달음을 성취했노라' 하고 선언은 못 할지라도, 티베트 성자처럼 육신이 멸하는 날에, 의지처를 잃은 업식이 결코 방황하거나 윤회를 거듭하는 길로 들어서지 않고, 형체 없는 구름이 스스로 잦아들듯 사라져서 열반적정이 마침내 구현될 것이며, 수행정진에 애쓰시던 도반과 불자님들의 보람과 공덕이 성불(成佛)의 과(果)와 속히 합일(合一)되리라는 점에 대하여 조금도

의심치 않는다.

'구차제정', '칠식주이처'는 같은 수행법의 다른 방식의 설명이다.

욕계

■ 제일식주

식(識)을 연(緣)한 명색(名色)이듯, 삼라만상(參羅萬像) 두두물물(頭頭物物)의 차별상(差別相)과 이름은 중생의 분별심에 의해 만들어진 것이다. 분별심의 근원은 중생의 욕심이므로, 식(識)이 밖으로 산란하게 흩어져 외부의 대상에 식(識)이 머물러있는 상태가 욕계(欲界)이며, 제일식주(第一識住)이다.

십선(十善), 십악(十惡)의 분별과 죄와 벌을 두려워하는 일은, 잎을 헤치고 가지를 찾는 짓이다. 생(生)이 연기(緣起)하면서 노사(老死)하는 동안에 누구나 필연적으로 치러야 하는 행사에 불과하다.

알았다면 근본을 캐야 한다.

색계

■ 초선 이생희락지 제이식주 〈언어적멸〉

삼라만상을 좇아 불별심을 내는 마음은 잠시도 한 곳에 집중하지 못하므로 욕계에서는 선(禪)이 불가하다. 욕계에서 수행을 하려 해도 머릿속에서 끊임없이 재잘거리는 언어의 파편인 망상은 삼매를 불가능하게 한다.

그러므로 욕심이 사라져 머릿속에 더이상 망상이 오고가지 않을 때 비로소 첫 선정을 경험하는데, 즉 색계 초선(初禪)이다.

일단 여기까지 명확히 이해할 필요가 있다. 싣달타는 모든 것을 가진 신분이었으나, 생로병사를 짊어진 삶의 한계를 절감하고 출가를 감행한 결의가 충천했기에, 명상수행승 스승의 가르침에 철저하게 즉시 부합할 수 있었다.

욕구(欲求)의 필요성에서 만들어진 언어 문자가 색계 초선에서는 완전히 사라지므로, 초선(初禪)에 바르게 들어가면 언어(言語)가 적멸(寂滅)한 상태가 된다는 것이다.

마치 고(苦)의 근본이 뿌리에 있음을 자각하고, 잎을 따고 가지를 솎아내던 수고로움에서 벗어나, 심신이 안락해진 경지이다.
이 점을 이해하지 못한 채 불전에 향 꽂고 무병장수와 가내 평안을 기원하던 식의 수행은, 색계 초선에서조차 도저히 용납되지 않음을 명심해야 한다.

결코 초선에 들지 못한다면 더 깊은 선(禪)적 진전은 없다.
원인은, 욕심을 여읜 듯하나 깨달음의 기대가 앞선 탓일 수 있다.
거듭거듭 강조하지만 싯달타의 출가 결의와 같은 마음가짐에서 경험하는 자리라는 것을 절대 잊어서는 안 된다.

경전을 다시 보자. 싯달타는 지나가는 걸음에 세 스승이 가르쳐준 사선팔정을 대번에 익혔다. 몇 달 몇 년이 걸린 일이 결코 아니다.
수행에 관심 둔 것으로 경하할만한 일이지만, 확철대오해서 부처님에 버금가는 신통자재한 능력을 얻어 전 세계를 호령할 수 있기를 바라는 마음 따위로 접근하면 백년하청일 것이다.

애당초 방향 설정이 그릇되어 동으로 간다면서 서쪽으로 가는 것과 다를 바 없기 때문이다. 이런 생각은 그저 한풀이일 뿐 수행이 아니다. 제발 그런 과대망상에서 탈피한 후에야 수행에 진척이 있다는 점을 가슴 깊이 새겨야 한다.

초학 시절에 수행자 흉내도 제대로 낼 수 없는 병들고 지친 몸을 달래고자, 어느 해 결제 초부터 건강에 최고라는 단전호흡을 해보기로 작심했다.
명색이 중인지라 수식관으로 여기면 될 일이니 선방에서 시침 뚝 떼고 시도했는데, 며칠 사이 생사를 오가는 처지가 되고 말았다.
죽음의 어두운 그림자에서 삼칠일 정확히 21일 만에 벗어날 수 있었다.

겨우 귀동량으로 들었던 이야기는 단전호흡은 신선들의 불로장생 수행법이란 것 정도였다. 그 말에 혹해서 시작한 단전호흡이 생사를 넘나드는 고통일 줄은 꿈에도 생각지 못했다.
합리적인 이해가 안 되면 참지 못하는 성미여서, 그 당시 마침 단학 열풍으로 서점 매장 바닥에 단전호흡 관련 서적이 즐비했던 때라 샅샅이 살펴보았다.

그 많은 호흡 관련 서적에 내 경험과 일치하는 내용은 눈 씻고 봐도 찾지 못했다.
다만, 호흡에 단 30분만 집중해도 신통이 열린다는 둥, 한 호흡

길이가 40초만 되어도 천안통(天眼通)을 얻는다는 둥 별별 희한한 글만 너절했다.

활동할 때 평상시 호흡이야 남과 다를 바가 없을 것이다. 수행에 집중하면 한 호흡이 2분 이상이므로 한 시간 호흡이 이삼십번에 불과한데, 삼십오 년 동안에 세상에 떠도는 그러한 일들을 경험하거나 확인한 바는 도통 없다.

　능엄경에는 50변마장(五十辨魔章)이라 하여 수행을 방해하는 여러 장애를 언급한 부분이 있다.

왜 구차제정을 들어 수행에 집중을 권하느냐에 대한 답이 될 수 있는데, 간결하게 오욕락(五欲樂)의 허망함과 윤회의 고통을 직시하고, 이와는 기필코 단절하겠다는 의지가 정확히 발동했다면, 장애 없이 아주 자연스럽게 색계 초선에 진입할 수 있기 때문이다.

　고사에 한 스님이 문수보살 친견을 발원하고 '문수보살' 주력을 열심히 했더니, 동지 팥죽 끓이는 솥에서 문수보살이 나타났다는 이야기가 있다.

한 생각도 동(動)하지 말아야 한다는 것이 사선팔정의 초선의 경지이다. 이러한 명료함에도 불구하고 초선에 들지 못한다면 반드시 점검 또 점검하여야 할 것이다.

　난생처음 경험하는 초선은 황홀하기 그지없다.

꿈에도 그리던 욕심을 버린 경지를 체험했기 때문이다.

초선을 이생희락지(離生喜樂地)라고 하는데, 욕심 즉 욕계를 여의었기 때문에 이에 대한 성취감의 기쁨이 생겼고, 이러한 기쁨이 가져다준 만족감 즉 즐거움이 충만한 경지라는 의미이다.

초선(初禪)에서 생긴 성취감의 기쁨과 만족감의 즐거움이 몰입의 대상이므로 제이식주(第二識住)라 한다.

■ 제이선 정생희락지 제삼식주 〈사유와 성찰이 적멸〉

제이선(第二禪)은 초선에서 경험하는, 욕계를 드디어 벗어난 데 대한 성취감과 만족감이 가져다준 들뜬 기쁨과 즐거움을 여의고, 오직 순수한 선정 삼매(三昧)의 기쁨과 즐거움에 몰입하는 경지이다.

그런 연유로 정생희락지(定生喜樂地)라고 하며, 자신이 욕계를 벗어났다는 생각 따위의 사유와 성찰이 적멸하고, 오직 삼매에서 생긴 기쁨과 즐거움을 식주(識住)로 삼기에 제삼식주(第三識住)이다.

■ 제삼선 이희묘락지 제사식주 〈기쁜 마음이 적멸〉

제삼선(第三禪)은 이선(二禪)에서 생긴 기쁨은 기쁨을 희구하는 욕망 때문에 생긴 것임을 깨닫고 버림으로써 기쁜 마음이 적멸하여, 더욱 편안하고 고요한 마음이 가져온 행복감으로 묘한 즐거움이 충만하다.

이러한 상태가 바로 이희묘락지(離喜妙樂地)이다. 훨씬 더 순수하여 분별이 없고, 이러한 올바른 생각의 지혜가 주는 즐거움에 머물므로 제사식주(第四識住)이다.

■ 제사선 사념청정지 제일처 〈출입식(出入息)이 적멸〉

제사선(第四禪)은 괴로움과 즐거움의 분별이 없이(不苦不樂) 평정(捨)한 지혜로 집중한 순수한 마음의 상태이다. 무상(無常)과 무아(無我)의 이치를 체득한 지혜로써, 눈 귀 코 입 몸 등을 앞세운 몸속의 식(識)이, 외부의 색(色)과 접촉하여 인식하며 분별하는 작용을 나라고 여기던 마음이 사라져서 사념청정지(捨念淸淨地)라 한다.

삼선(三禪) 제사식주가 한층 심화된 선정이 사선(四禪)이므로 삼선까지는 증장할 여지가 있기에 식주라고 하나, 명경지수와 같은 밝고 고요한 마음으로 존재의 실상을 관함으로써, 식(識)이 더 증장(增長)함이 없이 처하므로 제일처(第一處)라 달리 부른다.
제사선(第四禪)에 바르게 들어가면 출입식(出入息)이 적멸하다

고(苦)의 근원인 뿌리가 무지(無知)의 대지에 굳건히 박혀 있는 한, 생사고해(生死苦海)에서 헤쳐나올 수 없다는 것을 알고, 뿌리를 완전히 뽑아낸 셈이다.
오음성고(五陰盛苦)가 고성제(苦聖蹄)인 까닭은, 생(生)이 있으니 노사(老死)와 우비(憂悲) 고뇌(苦惱)이듯, 형상(形狀)을 근거로 생(生)이 전개되므로 확실히 뿌리째 근절(根絶)하였다.

수식관을 한 경험을 앞에서 조금 언급하였다.

21일간 사경을 헤맨 끝에 정신줄을 놓지 않은 때문인지, 제대로 들이쉬지도 못하고 내쉬지 못하던 숨이, 한순간에 뻥 뚫린 듯하면서 편안하고 고요해졌다. 들숨 날숨 즉 호흡 자체를 인식할 수 없었다. 바로 출입식 적멸이 이와 같다.

열반경에 따르면 사라쌍수 아래에서 반열반에 드실 때, 초선에서 상수멸(想受滅)의 멸진정(滅盡定)까지 색계 4선과 무색계 4선정을 통해 차례차례 올라갔다가, 역순으로 초선까지 내려와서, 또다시 초선부터 순차로 제4선에 올라 입멸하셨다고 기록되어 있다.

무색계

■ 공무변처정 제오식주 〈색상 적멸〉

무색계의 공무변처정(空無邊處定)은, 물질(色)은 존재하지 않고 한계 없는 공간만이 존재한다는 의식의 경지이다. 그러므로 공입처 (空入處)에 바르게 들어가면 색상(色想)이 적멸하다.

앞의 제일처(第一處)인 색계 사선(四禪)에서 색(色)의 실상(實相)을 관하여, 그것이 존재하는 것이 아니라는 것을 깨닫는 곳이 공처 (空處)이다.

경에 '일체의 색(色)에 대한 생각을 초월하면, 감관의 대상에 대한 생각이 소멸하여, 끝없는 공간만 있다는 생각을 하게 된다.'라고 설명하고 있다.

즉 색(色)이 무상하고 실체가 없다는 것을 깨달음으로써, 물질이 존재한다는 생각에서 벗어나 공처(空處)만 있다는 인식에 머물므로 제오식주(第五識住)라 한다.

■ 식무변처정 제육식주 〈공처상 적멸〉

무색계 식무변처정(識無邊處定)은, 공간도 존재가 아니고 오로지 한계 없는 의식만 존재하는 경지이다. 그러므로 식입처(識入處)에 바르게 들어가면 공처상(空處想)이 적멸하다.

경에 '일체의 무량공처(無量空處)를 초월하면 무량(無量)한 식(識)만이 있다는 생각을 하게 된다.'라고 실려있다.
외부에는 물질이 없을 뿐만 아니라 공간도 없다고 인식하여, 오직 한계 없는 식(識)만이 존재한다고 생각하게 된다는 것이다.

물질이 존재하지 않는 곳을 공간이라고 인식한다.
즉 공간은 물질이 없다는 의미이다.
물질이 본래 존재하지 않는다면, 그것이 사라진 곳인 공간도 본디 없어야 맞다.
그러므로 물질 즉 색(色)과 그것이 없음을 공간이라고 하는 분별도 인식일 따름이므로, 이러한 식에 머뭄이 제육식주(第六識住)이다.

■ 무소유처정 제칠식주 〈식처상 적멸〉

　무색계 무소유처정(無所有處定)은 의식도 존재가 아니며 존재하는 것은 아무것도 없다는 생각에 의식이 집중한 상태이다.
그러므로 무소유처(無所有處)에 바르게 들어가면 식처상(識處想)이 적멸하다.

　경에 '일체의 무량식처(無量識處)를 초월하면, 존재하는 것은 아무것도 없다〈無所有〉는 생각을 하게 된다.'라고 하였다.
식(識)은 인식의 대상이 있을 때 나타나고, 대상이 없으면 사라진다. 인식의 대상이 되는 물질과 공간이 실재하는 것이 아니라면, 이것을 대상으로 나타난 식(識)도 실재하는 것이라고 할 수 없다.

　이와 같이 식(識)도 실재하는 것이 아니라는 자각을 통해 '식(識)이 존재한다는 생각'에서 벗어나, 외부뿐만 아니라 내부에도 존재하는 것은 아무것도 없다는 것을 깨닫는 것이 무소유처(無所有處) 경지이다.

무소유처에 도달하면 식(識)은 이제 무소유처를 대상으로 머물게 된다. 이것을 제칠식주(第七識住)라고 한다.

■ 비상비비상처정 제이처 〈무소유처상 적멸〉

무색계 비상비비상처정(非想非非想處定)은 유무를 사유하는 상(想)은 존재하는 것도 아니고, 존재하지 않는 것도 아니라는 의식의 상태이다.

그러므로 비상비비상처정(非想非非想處定)에 바르게 들어가면 무소유처상(無所有處想)이 적멸하다.

경에 '무소유처를 초월하면 생각도 아니고 생각이 아닌 것도 아니라는 생각을 하게 된다.'라고 설명하고 있다.

그러므로 '아무것도 존재하지 않는다.'라는 무소유처의 생각에서 벗어나, 실제로 상(想)은 존재하는 것도 아니고 존재하지 않는 것도 아니라는 생각에, 식(識)이 머물 수가 없어서 제이처(第二處)라 한다.

고(苦)의 뿌리까지 뽑아 제쳐 놨으나 무지(無知)의 대지에 늘어진 잔뿌리의 생명력은 아직 장담 못 한다.

생명력이 다한 것 같기도 하고 아닌 것 같기도 하다는 비유가 적절하다.

멸진정(滅盡定) 〈상수(想受)적멸〉

멸진정(滅盡定)은 칠식주이처가 허망한 생각의 집합이라는 것을 알고, 그것에 집착하지 않음으로써 삼계(三界)를 벗어난 경지다. 멸진정(滅盡定)에 바르게 들어가면 상(想)과 수(受)가 적멸하다.

더 이상 유(有)와 무(無)에 분별심을 내지 않아서, 세간의 어떤 것에도 집착하지 않고, 속박됨이 없으므로 열반을 증득한다.

부처님은 멸진정에서 정각을 증득하셨다.
행(行)과 식(識)은 삶의 존재 방식이다. 행과 식은 서로 밀접한 불가분의 관계 속에 세상을 분별하며 존재로 인식한다. 미미한 行(행)에도 識(식)은 반드시 반응한다. 식의 분별 능력도 행의 도움 없이는 불가하다.

이러한 관계는 견고한 아집을 만들고 업력을 점점 강화시킨다.

부처님은 이것의 엄중함을 깨닫고 상수멸(想受滅)의 멸진정에서

구경각(究竟覺)을 증득하셨다.

열반(涅槃)의 경지는 연료의 공급이 끊긴 꺼진 불에 비유한다고

했다.

잎과 가지, 등걸 뿌리까지 남김없이 태워서 재마저 훨훨 날려버린

경지이다.

후 기

  책자로 엮으려는 생각은 어리석은 것이었다.
참선요가 1권은 A4 용지 100매에 가득했다. 그에 비해 너무 적은
양이라 조금은 당황스럽다.

  출판사에서 생각지도 않았던 정식 출판 쪽으로 가닥을 잡는 바람
에, 초심 독자를 위한 글이 덧대져 첫 원고보다 배나 늘어났다.
그래도 이 글은 무척 난해할 수밖에 없을 것이다. 참선요가 이후
인터넷 검색창에 생필품을 주문하는 정도로 두드리던 자판이 전부
였으니, 20여 년 만에 쓰는 글이 오죽하랴 싶다.

  주(注)를 달아 초학자를 배려하고픈 마음이 없는 것은 아니지만,
이 글은 수행하는 이를 염두에 두고 쓴 글이므로 더 어지러운 글이
되면 안 된다는 생각에 초심자의 양해를 구한다. 아울러 수행하시
는 이들께선 부질없는 사설은 버리고 핵심을 놓치지 말기를 죄송
한 마음을 억누르며 당부한다.

＊ ＊ ＊

  돌이켜보면, 수계 이후 경전을 이해하지 못해서 방황 끝에 발길
이 닿은 곳이 송광사 선원이었다. 행자시절 초발심자경문을 배우며

156

들은 얘기지만, 구산 방장 스님의 동안거 결제 법문 중에, '목숨이란 들이마신 숨 뱉지 못하거나 뱉은 숨 들이쉬지 못한다면 끝난 것이다.' 라는 말씀이 뇌리에 깊이 박혀 중노릇 전반을 지배하였다. 화두도 구산스님께서 일러주신 무(無)자이다.

화두의 유용성은 간결함이다. 그러므로 문자마저 귀족과 특권층의 전유물이던 때에, 간화선은 수많은 대중에게 불법을 이해하는 지름길이 되기도 했다. 그 덕에 많은 수행자가 헐떡임에서 벗어나 숨통이 트인 것도 인정해야 할 부분이다.
그렇다고 그렇게 편안해진 마음이 윤회를 멈춘다는 보장은 없다.

구차제정은 팔만장경에 의하면 엄청난 수준의 이해 방법이 있지만, 진정 부처님의 의도일까 의심이 드는 것은 솔직한 심정이다.
싣달타의 출가 심정에 공감하지 못한 채, 즉 중생구제처럼 고매한 원력만 충천해서 하고픈 일이 태산같은 이들은, 구차제정에 대한 지침이 팔만장경의 열 배 천 배가 되어도 구차제정의 의미를 결코 엿보지도 못할 것이다.
더 적나라한 표현은 싣달타는 팔만장경을 모두 열람하고서 깨친 것이 결코 아니라는 말이다.

선가(禪家)에는 불립문자(不立文字) 교외별전(敎外別傳) 직지인심(直指人心) 견성성불(見性成佛)이란 말이 전해져 온다.

과연 그 번뜩임이 추상같다.

어떤 성품을 보아야 하느냐? 당연히 불성(佛性)이다. 불성도 감잡지 못하고 수행자인양 껍죽거리니 조주스님은 무(無)자로써 조롱하신 것이다. 그런데 불성을 멀리서 찾는 것이 아니라고 더 친절히 일러준다. 직지인심(直指人心)이 바로 그것이다.

싣달타는 불경을 본 바도 없고, 그 교리가 어떠한지도 모른 채 구경각을 증득했기에, 선가(禪家)에서는 불립문자(不立文字) 교외별전(敎外別傳)으로 그 정신을 계승하겠다는 선언이다.

* * *

다시 간단히 정리하면, 사선팔정 중에 색계 초선(初禪)은, 윤회는 욕심이 근원이므로 욕심을 버려야만 멈춤이 가능함에 사무쳐서, 드디어 욕심이 버려진 상태에서 몸으로 느끼는 반응(색계 색신이 존재하므로) 즉 희열감에 주목하여 집중처로 삼기에 선(禪)이 된다는 점을 정확히 인식해야 한다.

초선부터 사선이 그러하므로 12연기 중 명색(名色)의 색(色)이 실마리이다.

무색계 사선정(四禪定)에서 무색계란, 본디 허망한 색의 본질이 파악되고 나면, 없는 것이 더이상 대상의 기능으로 작동할 수 없게 된다. 그러므로 물질인 색(色)이 없어진 공(空)간을 문득 인식하게 되는데, 이것은 오로지 생각 속에서 만들어진 개념을 빙자하여 파악된 것이다.

이와 같이 공무변처정과 식무변처정 무소유처정 비상비비상처정 모두가 개념화된 명칭(名)에 주목하고 집중하여 선정(禪定)을 이룬다는 요지를 잘 유념해야 한다.

부처님께서 대각을 성취하신 곳이 멸진정(滅盡定)이다.
상수멸정(想受滅定)이라고도 하는 이유는 행(行)과 식(識), 수(受)와 상(想)의 끊임없는 연계 작용이 아집(我執)을 일으켜서 윤회의 근본이 됨을 투철하게 깨달으셨음을 뜻하기 때문이다.

＊ ＊ ＊

이 글은 철저히 불교의 삼법인에 의거하여 쓴 글이며, 사성제의 고집멸도(苦集滅道)를 조목조목 설명하지는 않았지만, 사성제에 바탕을 두고 부처님의 행적이며 수행법인 구차제정을 설명한 글이라는 점이 독자 눈에 비쳤다면, 저자의 고심이 결코 부질없는 일이 아니었다고 할 만하다.

해인사 큰절에서 성철스님 계시던 백련암으로 가려면 예전에는 반드시 중간에 암벽에 걸쳐 지어진 희랑대를 지나야 했다.
어느 산철에 은사스님을 모시고 보내던 중에 스님들이 요란스럽게 지나갔다. 웬일인가 싶어 물으니 성철스님께 화두 타느라 다녀오는 중이란다.

그런데 뭐 그리 대단하게 소란을 피우냐고 했더니 대답이 가관이었다. 평생 지녀야 할 화두인데 왜 대단한 일이 아니냐고 되묻기까지 했다.

화두는 평생 지니고 씨름하라고 있는 것이 아니다. 하루빨리 타파해서 대해탈인(大解脫人)이 되기 위함이다. 뭐가 뭔지도 모르고 덤벙대던 스님들을 한없이 측은히 바라봤던 기억이 있다.

불교공부란 그런 것이 아니다. 그렇지 않은 걸 그런 줄밖에 모르니까 교리불교가 되고 만다. 지금도 밖에서 배워왔다지만, 갈래만 더 헝클어지고 말지 않았는가! 팔만대장경이 팔십만장경이 된들 부처님 가르침을 제대로 이해하지 못하면 항상 그 타령이다.

수행은 승속에 차별 없이 청정하고, 불경마저 사라진 국토가 바로 불국토인 것이다.

* * *

나는 어디서 불교 이야기를 별로 해본 적이 없다. 그러므로 불경을 펴놓고 연구를 할 일도 당최 없었다. 봤더라도 남을 위해 본 것이 아니니 머릿속에 쌓아둔 지식도 전혀 없다.

오로지 부처님의 출가 의지와 수행 과정, 그리고 깨달음 이후의 모습을 주시하며, 부처님이 가셨던 길을 따라가고자 했을 뿐이다.

이 글에 공감하는 이와 그렇지 못한 이로 확연히 나뉠 것이 분명하다. 공부 좀 한다고 늘 자부했더라도 이해는커녕 공감조차 안 될 수 있기 때문이다.

이해할 수 없고 공감하지 못한다면 필경 머릿속에는 팔만대장경이 꽉 차 있을 듯하다. 오랜 세월 애지중지 구축한 자신을 부정하는 일인데 단번에 버릴 수 없는 일 아닌가!

송구하게도 그건 누구도 어쩌지 못할 일이다. 단지 소중한 시간만 축내서 죄송하다는 말로 대신할 수밖에……

＊ ＊ ＊

출판사에서는 원고 분량이 너무 적어서 난관을 예상하는 듯싶다. 스님들 사이에서는 '정경 스님의 건강 강의는 한 번쯤 들어볼 만하다.'하니, 십수 년 전에 역시 스님들을 위하여 써서 돌렸던 건강에 관한 파일이 있긴 해서, 지금도 간혹 파일 전송을 부탁하므로 뒷면에 부록으로 붙일까 생각도 해봤다.

아무리 얇은 책이 되더라도 그러면 안 된다는 생각이 더 강렬하기에 생각을 아예 접었다. 이 글은 순전히 수행에 관한 것이어야 하기 때문이다.

그러나 생식에 관한 이야기도 두어 줄 했으니 마무리는 하는 것이 최소 예의라고 생각된다.

세간에는 생식은 시작보다 끝이 어렵다는 이야기가 있다. 생식을 하며 은사스님을 모실 수 없는 일이라. 큰스님께서도 마침 저녁을 드시지 않겠다고 하시니, 나는 두 끼로 늘긴 하지만 화식을 해야 불편을 덜 수 있기에 도착부터 바로 익힌 음식을 입에 대기 시작했다.

어릴 적에 연세 지긋한 이들이 나누던 '환갑이면 문밖이 저승'이란 말을 자주 들은 기억이 있다.
그러므로 60을 넘겼으니 당연하다고 여겼지만, 큰스님 앞에서 앉았다 일어설 때마다 입에서는 어이구 소리가 저절로 튀어나왔다.
이가 아픈지 턱이 아픈지 머리가 아픈지 온몸이 들쑤셨다.

큰스님께서는 곁에 오기로 결정했을 때 생식을 트는 것을 극구 만류하셨다. 심지어 생식을 트고 죽은 스님도 알고 있다고 하셨다. 이 또한 세간에는 잘 알려진 이야기이기도 하다.

겪고 보니, 운동을 한결같이 했기에 그나마 큰 탈 없이 넘겼지 싶다. 환갑 되던 해 도망 나오듯 새벽녘에 대중을 떠나 비닐하우스에서 사는 동안에 전혀 문밖출입조차 하지 않았다. 보다 못한 근처 스님께서 입구부터 무성한 풀을 예초기를 싣고 와서 제초작업을 손수 해주셨다.
그것이 1년 반인데 스님을 모시면서도 1년을 또 그와 같이 지냈다.
꼭 30개월을 방에만 들어앉아 있다가 안 되겠다 싶어서, 등산 배낭을 메고 날마다 하루는 두부 사고 다음 날은 콩나물 사는 구실로 고갯길을 넘어 다녔다.

정확히 화식으로 돌린 지 6년이 지난 지금, 그 덕분에 그간 감내했던 고통이 나이 탓이 아닌 음식의 변화로 온 일임을 뒤늦게 알아챘다. 두어 해 전부터는 목 근육이 또 아팠는데 이것도 얼마 전에 풀렸다.
어깨 또한 초학 시절 산속에 도끼와 끌, 톱 하나 들고 들어가서 석 달 가까이 토굴을 지은 적이 있는데, 두어 차례 더 반복했던 짓으로 생긴 후유증인 듯 몹시 불편하다.
그러나 다행스럽게도 서서히 풀리는 기미가 있어서, 이것도 섭식 후유증이라는 생각이 든다.

내가 처음 생식을 시도하던 때와 지금은 전혀 다른 세상이다. 굳이 해야 할 이유도 없다. 당연히 권하고 싶지 않은 일이다. 만약 지금 생식하는 이들 중에 화식으로 돌리고픈 이들이 이 글을 본다면 식사량 조절이 필수라는 생각을 전한다. 나는 간도 챙겨 먹지 않는 생식을 했으니 '소금 들어간 음식이 얼마나 맛났을까' 짐작이 갈 것이다.

예전에는 원인도 모른 채 생식 후유증에 목숨을 잃었기에, 정말 죽더라는 얘기가 정설로 회자되는 것이다.

따져보니, 당뇨병이 원인이었을 거라는 생각이다. 년 전에 일부러 보건소에서 받은 혈액검사에 당화혈색소(HbA1c)가 5.9가 나와 깜짝 놀랐었다. 물론 정상 범위이긴 하지만, 화식을 하자마자 생기기 시작한 원형탈모는 몇 년 동안 군데군데 엄지손가락 넓이로 계속 생겼고, 눈에 수시로 핏발이 맺혔던 가지가지 일들까지 당뇨 증상이었다는 생각이 문득 들어 섬뜩했다.

이처럼 심한 당뇨 합병증은 사망에 이르게 하는 매우 위험한 질환 이므로, 무지했던 시절에는 속절없이 명을 재촉하고 만 것이다.

* * *

글을 쓰자고 단단히 맘먹은 날부터 연이어 태풍이 들이닥쳤다. 멀리 돌아가는 태풍도 산중이라 그 뒤끝 설거지가 보통 일이 아니다. 그때마다 머릿속을 정리할 수 있어서 전화위복이 되었다.
모두 불보살님의 가피인 듯하다.

부처님은 자신도 우리처럼 인간으로 와서 일대사(一大事)를 성취 하셨고, 모두가 그렇다면 똑같이 가능한 일이라고 친히 깨우쳐 주셨던 가르침이 불교이다.
설마 부처님이 우리를 속이셨겠는가!

경자년 초가을   정경 합장